半小时读懂
远古青海

青海灿烂辉煌的河湟文化

青海省博物馆 编

青海人民出版社

图书在版编目（CIP）数据

半小时读懂远古青海 / 青海省博物馆编 . -- 西宁：青海人民出版社, 2023.3（2024.10 重印）
ISBN 978-7-225-06330-0

Ⅰ . ①半… Ⅱ . ①青… Ⅲ . ①青海—地方史—古代 Ⅳ . ① K294.4

中国国家版本馆 CIP 数据核字 (2023) 第 005454 号

半小时读懂远古青海

青海省博物馆　编

出 版 人	樊原成
出版发行	青海人民出版社有限责任公司
	西宁市五四西路 71 号　邮政编码：810023　电话：（0971）6143426（总编室）
发行热线	（0971）6143516 / 6137730
网　　址	http://www.qhrmcbs.com
印　　刷	青海新宏铭印业有限公司
经　　销	新华书店
开　　本	787 mm × 1092 mm　1/32
印　　张	9
字　　数	100 千
版　　次	2023 年 3 月第 1 版　2024 年 10 月第 2 次印刷
书　　号	ISBN 978-7-225-06330-0
定　　价	48.00 元

版权所有　侵权必究

前 面 的 话

  青海素以万山之宗,千水之源、中华水塔的美誉著称于世。这里是黄河、长江、澜沧江的发源地。千百年来,奔腾不息的黄河同长江一起,哺育着中华民族,孕育了中华文明。在我国 5000 多年文明史上,黄河流域有 3000 多年是全国政治、经济、文化中心,孕育了河湟文化、河洛文化、关中文化、齐鲁文化等。河湟,地处黄河上游水系的黄河、湟水河以及大通河三河之间,是青藏高原与中原地区的过渡地带。这里有灿烂辉煌的马家窑文化、宗日文化、齐家文化。河湟文化也是中华文明的重要的发祥地之一。本书采用幽默诙谐的漫画形式,以观文物、看历史,讲故事、述文化的通俗易懂方式,让读者了解青海史前文明,读懂河湟文化(史前部分)的历史文脉,感受大美青海,人文河湟的远古魅力。

目 录

石器专营	001
花开河湟	009
正午明媚	025
土与火的辉煌	035
小村庄里的故事	047
宜居之地	065
广场舞之乡	074
专家学说	081
餐桌上的文明	086
青铜之路	107

玉泽河湟	128
玉礼天下	140
美石为玉	155
最美陶器	169
世界第一碗	183
户型大全	198
大河之殇	216
人间大爱	228
陶靴的故乡	244
山口前的平地	258
毛布技艺	272

石器专营

◎ 中石器时期
◉ 拉乙亥遗址

据考古发现，在距今3.7万年以前，青海的先民，就已在这片广袤的土地上繁衍生息。

让我们从了解一个位于黄河上游，青海早期的人类活动遗迹——拉乙亥遗址开始。

拉乙亥遗址位于黄河上游南岸共和盆地的贵南县境内，埋藏在黄河二级阶地的地层中。遗址属中石器时代全新世早期人类遗址，经碳 14 测定，距今为 6745±85 年（约公元前 4800 年）。

拉乙亥遗址是青海境内首次发现的全新世早期的文化遗址，填补了中石器时代文化在青海地理分布上的空白。遗址的发现在地层、古生物、文化遗物、遗迹等方面为探讨中石器文化的性质、特点、经济及社会发展等提供了宝贵资料。

拉乙亥遗址是青海省级重点文物保护单位。
2013年被国务院公布为第七批全国重点文物保护单位。

6000多年前,拉乙亥地区气候温暖湿润,有成群的食草类动物生活在疏林和草原环境中,狩猎是当时居民主要食物来源。

这群"吃货"的食物主要有野鸡、鼠兔、旱獭、狐狸、羊等。

在遗址中出土的这些动物骨骼,说明了当时人们食物来源的主要组成部分。

动物骨骼
中石器时代
海南藏族自治州贵南县拉乙亥遗址出土

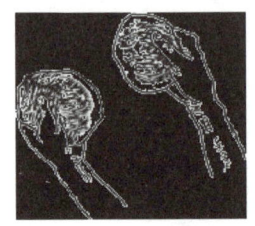

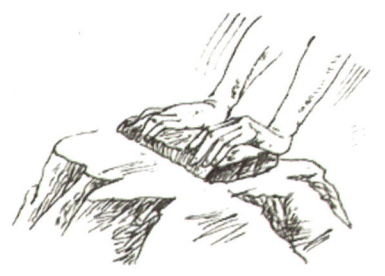

早期的人类对石块进行各种简单的加工,做成工具用来狩猎和生产

石器
中石器时代
海南藏族自治州贵南县拉乙亥遗址出土
青海省博物馆藏

拉乙亥遗址出土文物共 1489 件。发掘的石器有石锤、石核、石片、砍砸器、刮削器、研磨器、雕刻器等，此外还有骨锥、骨针等。

这些砍砸器、刮削器应用在生活的各个方面。

细石核 细石叶
中石器时代
海南藏族自治州贵南县拉乙亥遗址出土
青海省博物馆藏

石器中用于加工谷物的研磨器的出现表明采集农业已经产生。

研磨器 中石器时代
长 34 厘米,宽 16 厘米,高 4.5 厘米
海南藏族自治州贵南县拉乙亥遗址出土　　青海省博物馆藏
此器质地细腻,整体呈长锥体,是磨盘和磨棒配套组成的复合工具。研磨盘中间有一随形的凹坑,是原始先民用于砸碎坚果或研磨成粉末的食物加工工具。

花开河湟

◎ 仰韶文化（距今约 7000—5000 年）
⦿ 阳洼坡遗址

> 时间又过去了几百年，转眼到了新石器时期，随着中原地区仰韶文化传播来到青海大地，青海与中原有了第一次的文化交流互动……

仰韶文化是重要的新石器时代彩陶文化，其持续时间大约在公元前 5000 年至前 3000 年，仰韶文化是华夏族先民所创造，考古学界认为"华夏"一词中"华"的概念，应该出自仰韶文化庙底沟类型的"花瓣"的彩陶纹饰。

1920年,瑞典地质学家安特生,派助手、地质调查所采集员刘长山到河南渑池县仰韶村采集动物化石时,发现了仰韶文化遗址。

仰韶文化作为中国新石器时代最重要考古文化,其地位十分显赫,影响也十分久远。从1921年渑池仰韶村遗址发现到2000年,全国有统计的仰韶文化遗址共5013处。

安特生甘青地区考察路线图

1、兰州　　　　　2、青海民和马场垣
3、西宁十里铺　　4、西宁朱家寨
5、青海湖南岸　　6、贵德罗汉堂
7、湟中卡约　　　8、临洮辛店
9、广河齐家坪　　10、广河半山
11、边家沟　　　 12、临洮马家窑
13、临洮　　　　 14、民勤沙井
15、天水七里墩烟铺下　16、永登县白蛇城

仰韶文化分布图

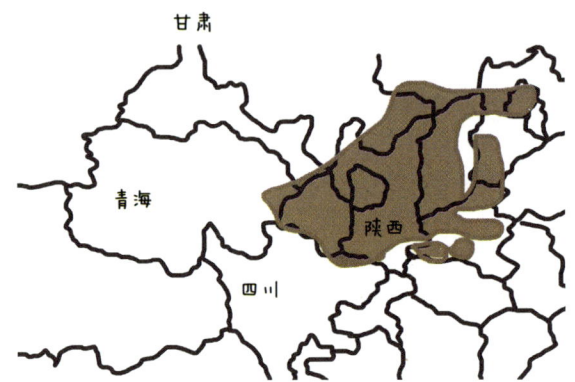

　　仰韶文化分布范围东起豫东,西至甘肃、青海,北到河套内蒙古长城一线,南抵江汉。涵盖陕西、河南、山西、甘肃、河北、内蒙古、湖北、青海、宁夏9个省区。

　　仰韶文化是一个以农业为主的文化,处于原始的锄耕农业阶段,采用刀耕火种的方法和土地轮休的耕作方式,生产水平仍比较低下。

随着仰韶文化向西发展,青海东部地区沿黄河及湟水河流域出现了安达其哈、胡李家、阳洼坡、红土坡等仰韶文化遗址。

安达其哈村

安达其哈遗址

位于海东市化隆回族自治县群科镇安达其哈村西,地处黄河支流伊沙尔河东岸第二台地的黄河二级阶地。

仰韶文化的制陶业比较发达,制陶技术最能代表当时的手工业经济发展的水平。

安达其哈遗址目前中发现是青海省最早的陶窑,是仰韶文化庙底沟类型的文化遗存。

安达其哈遗址陶窑属横穴窑，这是我国新石器时期常见的一种陶窑，这座陶窑的平面呈圆角方形，长1.5米，宽1.4米，深1.18—1.22米，陶窑由火膛、窑室、烟道等组成。

安达其哈遗址陶窑复原景观

安达其哈遗址周边有丰富的第三纪红黏土,黄河及支流丰富的水源和群尖盆地自古以来茂盛的树木,为制作彩陶提供了原材料和燃料,从陶窑烟道里发现因烟气凝积而成的黑灰,可以看出这座陶窑可能曾被原始先民频繁使用。

在安达其哈遗址出土了许多陶片和陶器,陶片多以夹砂陶为主,陶色多为红褐色,还发现有一定数量的彩陶,器型有罐、钵、盆等,多为平底器。

安达其哈遗址出土陶器

安达其哈遗址出土彩陶片

其制陶方法主要是泥条盘筑法，大部分陶器运用慢轮技术进行修整，泥质陶器多进行磨光，多数器型较为规整。

发现有小陶器均为手制，器型不甚规则，估计为当时制陶师随兴所为。

安达其哈遗址出土的小陶人

远古先民在制作陶器的时候,很多陶器上所遗留的拍打痕迹和指纹都是固定的几个人。这说明在很早以前,制陶业就成为了一项专门的社会分工存在。

专家分析,在当时的社会一个部落中可能有专门制陶或烧陶的人,他们以制作的陶器来交换所需生活物资。

遗址内还发掘出房址 19 座，有圆形半地穴，平地起建的圆形、方形房址。

安达其哈遗址房址复原图

仰韶文化中期的房屋出现了用挖槽法筑墙，并用红烧土块和砾石铺垫的建筑新方法，居住面涂抹草筋泥，晚期则开始使用石灰抹墙。

另外,青海的仰韶文化也吸收了本地文化的一些因素,如安达其哈等遗址存在着较多的细石器。这说明与当时人们所从事一定比例的采集狩猎经济成分有关。

安达其哈遗址出土的石器以打制石器为主,细石器比例较高,磨制石器较少,另有细石核、细石叶、刮削器等。细石器器形规整,说明加工技术较成熟。

石刀

细石叶

仰韶文化时期,部落的采集和渔猎经济占有比较重要的地位,出土的骨器、角器共发现200多件,有刀、锥、镞、匕、针、簪、珠、环、鱼钩等。

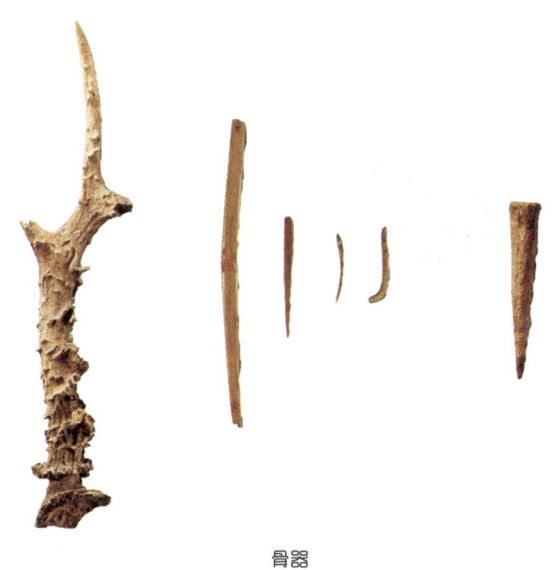

骨器

除此之外,位于青海省民和回族土族自治县的中川乡光明村胡李家自然村的胡李家遗址,面积达数万平方米。以庙底沟时期遗存为主,有零星的马家窑文化和齐家文化遗存。

位于民和回族土族自治县转导乡阳洼坡村东寺滩村西南的阳洼坡遗址，出土物既具有中原地区仰韶文化庙底沟类型的特点，又有马家窑文化的主要成分。

曲腹彩陶盆
民和阳洼坡遗址出土

探源华夏古老文明，绕不开仰韶文化，追寻青海彩陶历史，离不开仰韶文化。就如同著名学者梁衡所说："仰望仰韶，躬耕未来。"触摸千年前遗留下来的文化堆积，感受远古丰富而神秘的彩陶气息。

正午明媚

◎ 马家窑类型(距今 5300—4700 年)
◉ 马家窑文化

受仰韶文化的影响,甘青地区形成了具有地域特色的马家窑文化,彩陶纹饰一度繁缛华丽,进入了彩陶发展的高光时期。

马家窑文化是仰韶文化的继承及发扬者,青海没有典型的马家窑文化石岭下类型的遗存,马家窑类型陶器纹样有漩涡纹、几何纹、蛙纹、鸟纹、鱼纹及人像纹等。在瓶、盆、壶等器物上通体彩绘,是该类型彩陶纹饰的突出特点。

1923—1924 年,瑞典地质学家兼考古学家安特生,在甘肃临洮马家窑村进行地质考察时,发现了马家窑史前文化遗址并进行了发掘。

马家窑文化是黄河上游地区新石器时代晚期文化,广泛分布于甘、青、宁地区,位于甘、青境内的洮河、大夏河以及湟水河流域一带,上承仰韶文化的庙底沟类型,下接齐家文化。

马家窑文化前后经历一千多年的发展,其文化特征发生了很大的变化。一般认为,马家窑文化从时间早晚上分为石岭下、马家窑、半山、马厂四个类型。

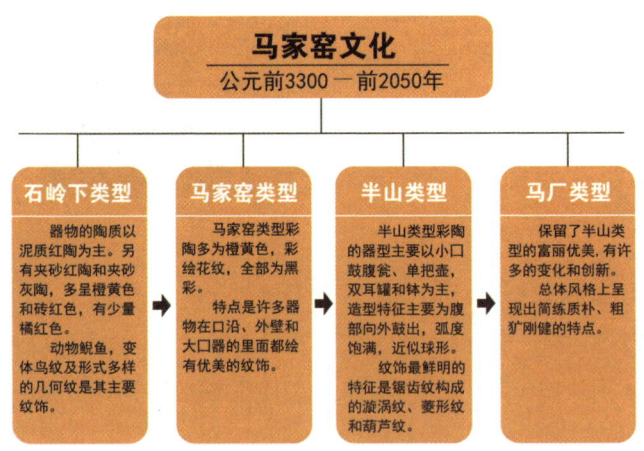

这是一件民和回族土族自治县阳洼坡遗址出土的,马家窑文化石岭下类型绳纹尖底瓶的残片。残片残长 6.4 厘米,残高 14.7 厘米,残宽 17.11 厘米,它的作用是储酒。

从马家窑文化早、中、晚三期遗存位置变化来看,其分布地域在不断西移。

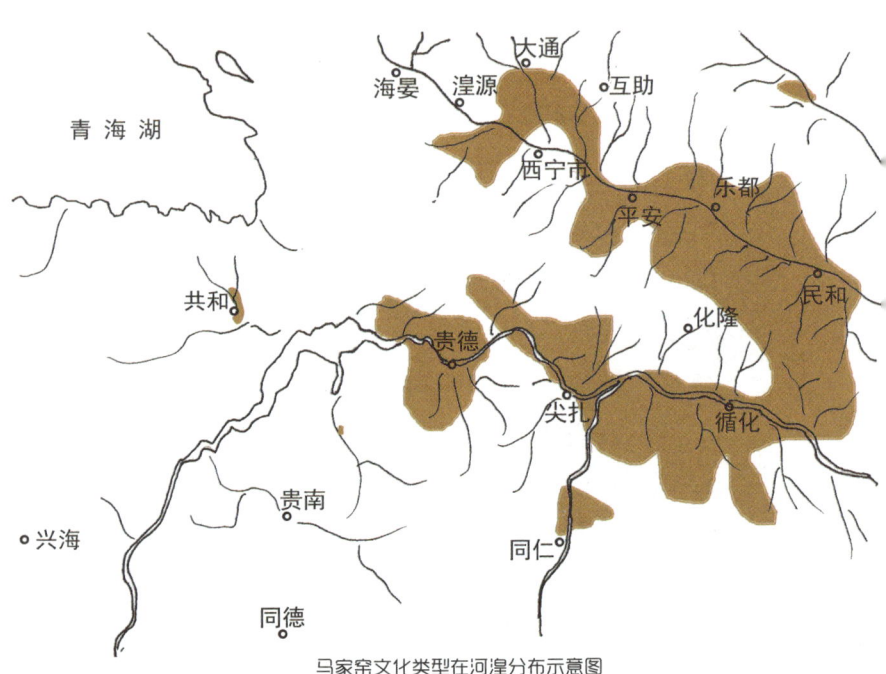

马家窑文化类型在河湟分布示意图

在马家窑文化西向传播的同时,也继续存在彩陶自西而东进行文化传播的可能。伊朗北部公元前4世纪中叶的锡亚尔克(Sialk)三期文化彩陶,其舞蹈纹与马家窑文化的细节不同而情状相似。

中国与伊朗舞蹈纹彩陶比较

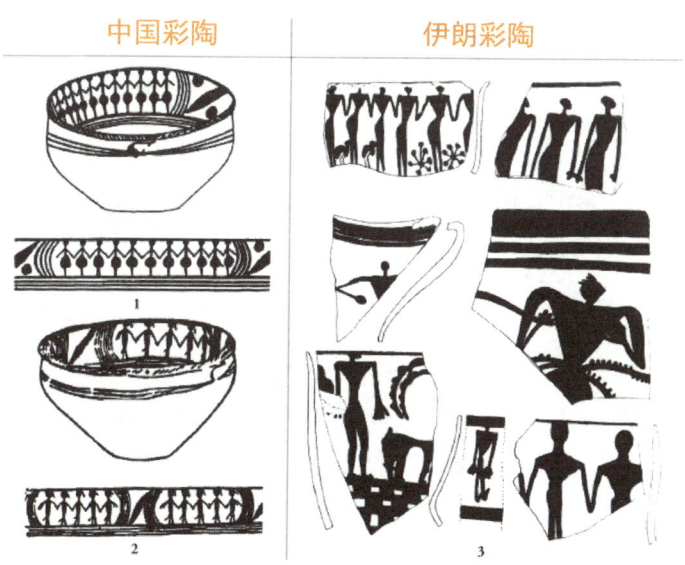

1.宗日(M157:1) 2.上孙家寨(M384) 3.锡亚尔克三期(Sialk Ⅲ)

在史前时期的文化大碰撞中，逐渐形成了一条以彩陶为媒介的彩陶之路。史前时期东西方文化交流，也为华夏文明注入了新的文化因素。

马家窑文化带有浓郁的甘青地方特色，发现的重要遗址有：甘肃临洮马家窑、兰州青岗岔、永昌鸳鸯池和青海柳湾等20多处。

柳湾墓群位于海东市乐都区柳湾村，湟水河中游北岸第二台地的柳湾旱台上，东西长450米，南北宽450米，总面积约为20万平方米。

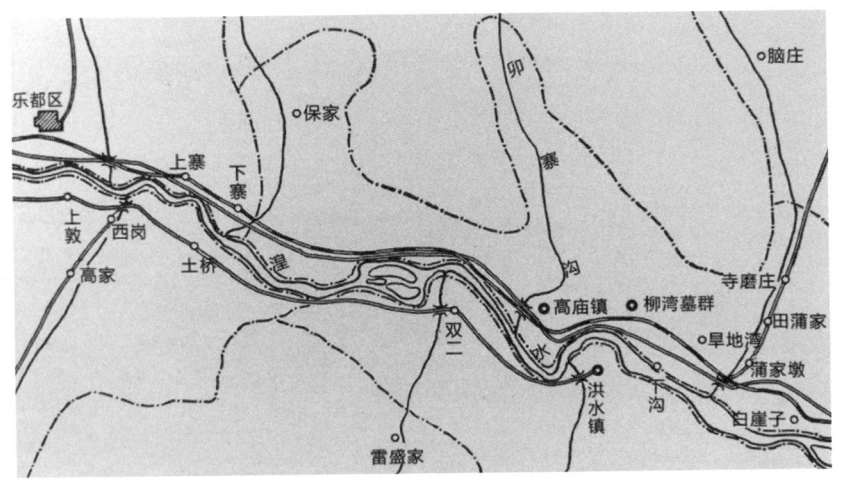

柳湾墓群是黄河上游中国新石器时代至青铜时代规模最大、保存较完整的一处氏族公共墓地。墓地按地貌现状和文化类型的不同，从东向西可分为东、中、西三个墓区。

柳湾墓群在我国考古界有四个之最

延续最长——前后延续了 1000 多年

类型最多——四种文化类型

保存最全——新石器时代至青铜时代墓葬 1730 座

出土陶器最多——出土文物 37925 件、彩陶 2 万余件

柳湾墓群文化类型

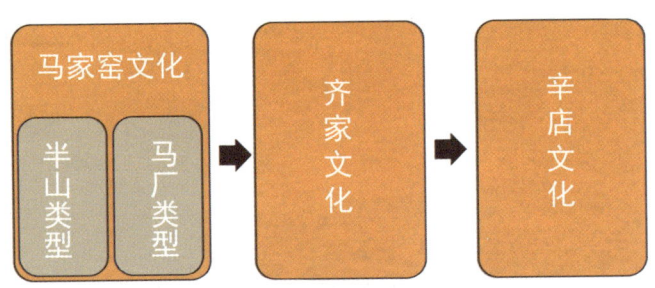

柳湾墓地出土了少量的马家窑类型陶器,如这件陶盆,通体以黑彩绘制纹饰,纹饰的装饰意味已经非常强烈。

"在湟水流域,古老的彩陶流成了河。"

——作家张承志

土与火的辉煌

◎ 半山类型（距今 4700—4300 年）
⊙ 马家窑文化

　　史前文化类型的命名都是以最先发现地名来定的。半山类型最早发现于甘肃广河县洮河西岸的半山村而得名，这一时期的纹饰出现黑红两色相间的条带锯齿纹，绘在橙黄色陶器上，显得绚丽多彩。其主要图案有漩涡纹、弦纹、网纹等，显然是继承了马家窑类型同类纹饰而又加以演变的结果。

　　半山类型墓葬在柳湾墓群中共 257 座，集中分布在柳湾墓群东边的第一个台地上。

从已发掘中墓葬规模、葬品多寡和葬式异同等特点推断当时氏族成员之间贫富尚未分化,是以血缘关系为纽带的、母系为中心的氏族公社阶段。

在 257 座半山类型的墓葬中,有石、骨、角等不同材质的生产工具和装饰品。

骨镞　　　　　石斧　　　　　串珠

半山类型时期,人们盛行同性合葬与多人合葬的埋葬习俗。

在半山类型墓葬中保存比较完整的葬具遗迹中，出现了梯形木棺和吊头木棺两种形式。

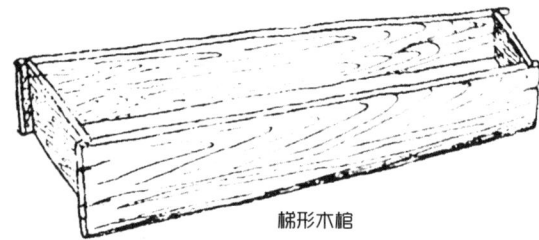

梯形木棺

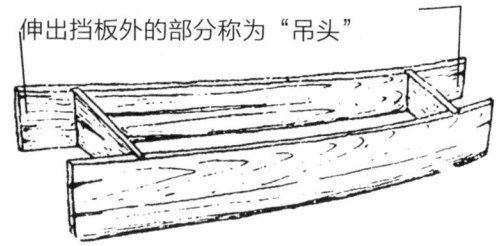

伸出挡板外的部分称为"吊头"

吊头木棺

半山类型时期人们相当重视纺织业,墓葬中发现了100多件石、陶纺轮,陶纺轮大小相似、制作精美,正反面甚至侧面饰有各种不同的几何花纹。

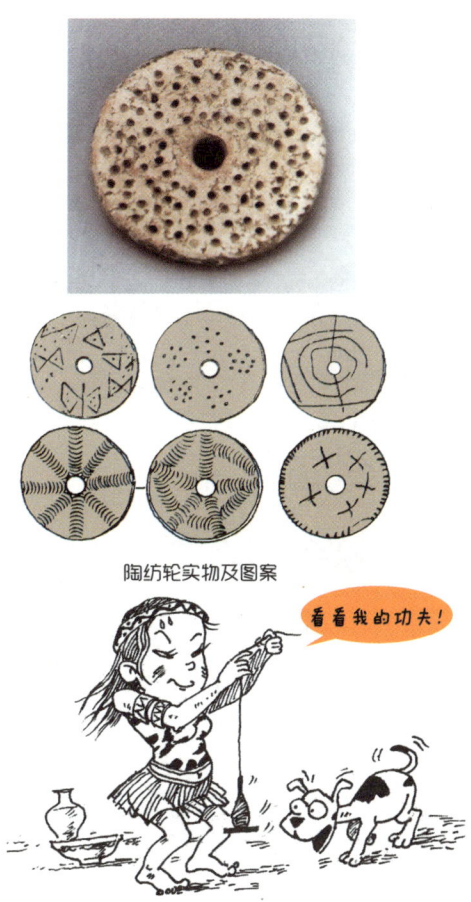

陶纺轮实物及图案

这一时期制陶的社会化分工早已专业化，出现了制陶工匠。

当时用陶量之多、彩绘的工艺之精美，突出反映了半山类型时期人们对制陶业的重视。

半山类型彩陶器具有鲜明的特色,器形主要有壶、罐、杯、钵等,其造型特点是直口、长颈、广肩、鼓腹。

四圈带纹彩陶壶(M620-6)
该壶高 26.4 厘米,口径 8.7 厘米,腹径 23.2 厘米,底径 9.1 厘米。

壶和罐作为这一类型中最主要的器形,其最突出之处是鼓腹,器物腹部向外作最大弧度的膨圆,近似球形,并具有折肩、鼓腹、敛底等特征,通常显得矮胖、敦实。

波折纹彩陶罐(M593-3)
该罐高21.2厘米,口径15.5厘米,腹径25.1厘米,底径13.3厘米。

漩涡纹彩陶壶(M450-1)
该壶高35.6厘米,口径10.7厘米,腹径34.2厘米,底径13.3厘米。

涡纹彩陶罐(M432-2)
该罐高25.9厘米,口径17.4厘米,腹径29.8厘米,底径12.8厘米。

一般在球形体基础上加长颈为壶。短颈为罐、瓮等。这种浑圆、凝重、饱满的风格,构成了半山类型彩陶器形独具的特色。

壶罐器形和与之相得益彰的纹饰，组成了半山类彩陶和谐融合的完美有机体。它的最大特色是：常用黑红两色相间的线条勾画出各种各样的花纹图案。

连弧带纹彩陶壶（M666-3）
该壶高24.5厘米，口径8.6厘米，腹径23.0厘米，底径9.9厘米。

彩绘颜料分析

红彩
朱砂

黑彩
锰铁矿

白彩
方解石、硬石膏的混合物高岭土

锯齿纹是由连续三角元素组成的彩陶纹饰，流行于马家窑文化半山期，是半山类型彩陶标志性特征。

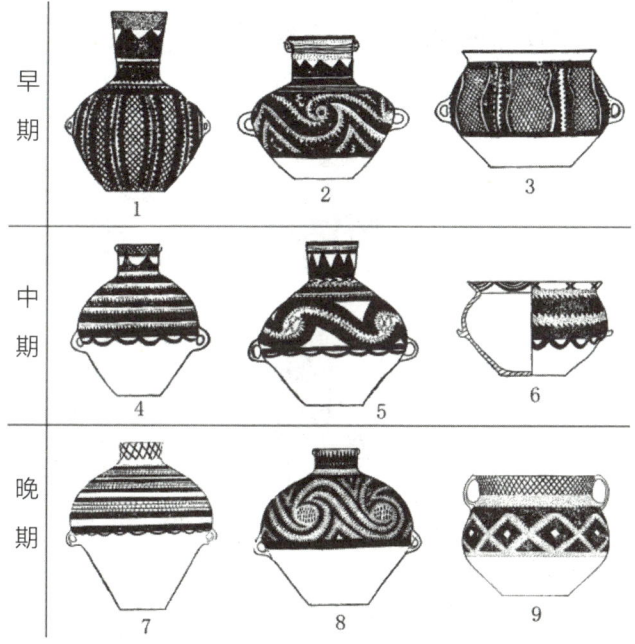

其中锯齿状线条勾画出的四方连涡形纹，内饰各种精细的花纹，这种花纹中套花纹的装饰手法，使图案显得繁茂绚丽。

此外,出现的还有葫芦网格纹、菱形花格纹、圆圈网格纹、连弧纹等,色彩富丽,严谨规整,表现手法繁复多样。

柳湾彩陶是比司马迁《史记》还早的史记,记录着远古先民朴素而真实的生活;柳湾彩陶是一部无声的乐章,谱写着远古先民对祖先的赞颂、对爱情的讴歌;柳湾彩陶是创造力的象征,一件件器物、一个个彩绘图案,仿佛是不断喷涌的火花,给人以激励、启迪、智慧,鼓舞人们去创造新的更美更好的生活……

——北京大学文博学院教授 李伯谦

小村庄里的故事

◎ 马厂类型（距今约 4300—4000 年）
📍 马家窑文化

> 马厂类型时期的彩陶器形更为丰富，除了常见的壶、钵、罐等器物外，还出现双联罐、鸭形壶等新型器物。彩陶纹饰在早期还保留了半山类型彩陶富丽繁复的特点。到晚期，陶器造型不很规整，器物制作粗糙，器身也变得瘦长，其纹饰越来越简化。至此，新石器时代彩陶逐渐式微。

1924 年，安特生在甘肃省广河县半山村发现了马家窑文化半山类型后不久，又在青海省湟水河流域发现并命名了马家窑文化的马厂类型。

马厂类型是黄河上游地区马家窑文化晚期类型之一,因最早发现于青海民和县马厂塬而得名,在距今4350年至4050年之间。

从考古发掘来看，马厂类型分布范围与半山类型大致相同，只是发展到了河西走廊的西端玉门一带，主要在青海和甘肃两省境内。

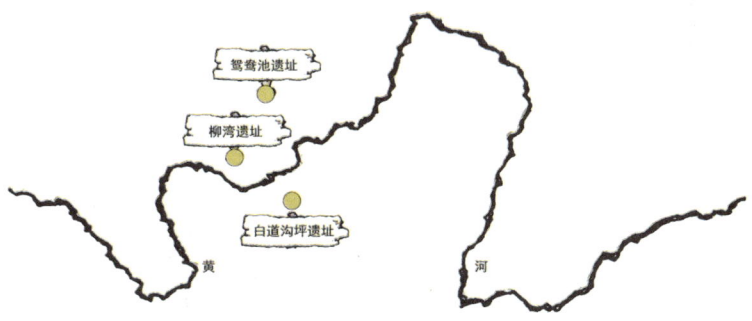

马厂类型的重要遗址有：青海柳湾遗址，甘肃鸳鸯池遗址和白道沟坪遗址。

马场类型的重要遗址主要有：
半山类型结束后，马家窑文化进入马厂类型分两支继续发展：一支以青海乐都县柳湾为代表，主要分布于兰州以西及青海地区，此支后来发展为齐家文化。

另一支沿河西走廊向西北发展，以甘肃省永昌县鸳鸯池遗存为代表，逐渐演变为四坝文化，向西进入新疆中部，最后在新疆绝迹。

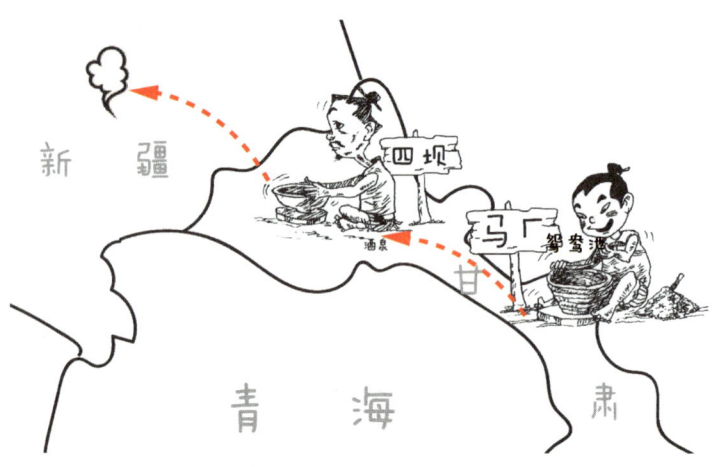

柳湾马厂类型墓葬有872座，墓葬大多是一男一女合葬，显示婚姻制度已由早期的群婚制过渡到一夫一妻制，社会形态由母系氏族社会向父系氏族社会过渡。

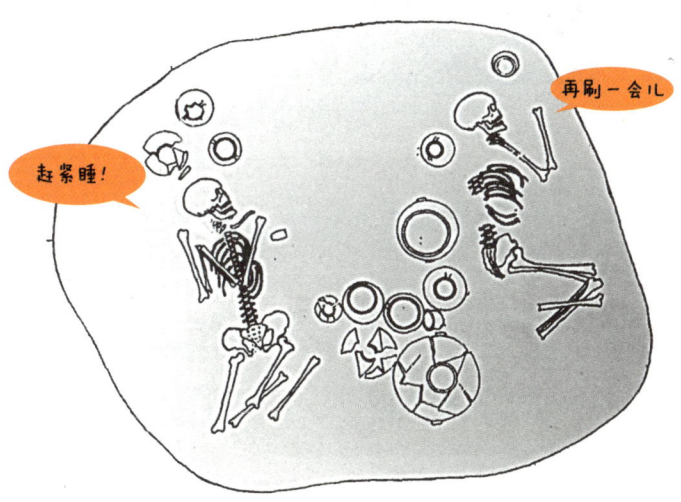

从随葬品的多寡和品种可以看出，贫富分化也处于萌芽状态。

马厂类型氏族公社成员内部出现了男女分工现象，石斧、石刀等生产工具多葬在男性墓内，纺轮等生产工具多随葬在女性墓内。

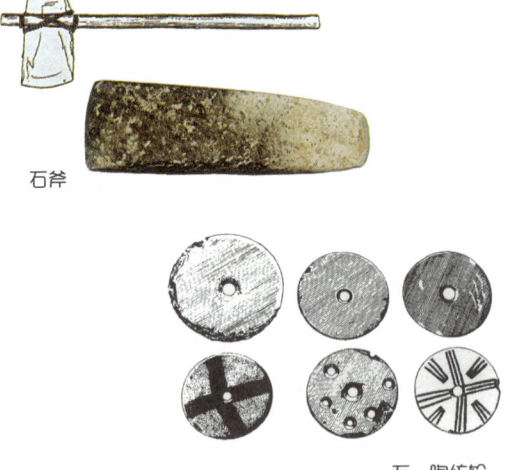

石斧

石、陶纺轮

大多数儿童墓的陪葬较丰富,说明马厂类型的儿童墓基本上是实行厚葬的。

随葬饰品有绿松石、串珠等,佩戴在死者手臂上的石臂饰直径很小,可能是自幼开始佩戴,至死也不可能取下的一种饰品。

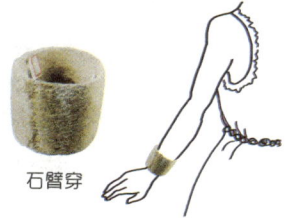

石臂穿

马厂墓葬具为榫卯结构的木棺,长方形木棺外还加用木框加固,这样使木棺稳定又便于搬运。

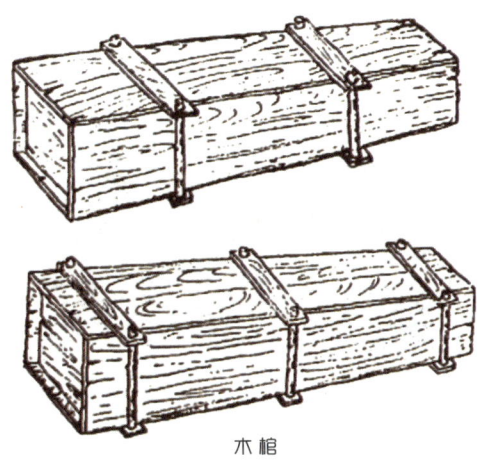

木棺

有 23 座墓还出现了独木棺。

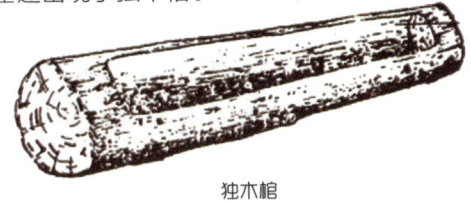

独木棺

粟在遗址墓地内多有发现，M339中4件粗陶瓮中满盛粟粒。

粟作农业的特点，反映出我国黄河上游流域的先民，从采集经济开始向农耕经济过渡。

柳湾墓地马厂类型墓葬随葬品最多是陶器，共发现 13227 件。这些陶器大多数是日常使用过的生活器皿，器皿中有烟熏或水垢的痕迹。

马厂类型的主要特征表现在彩陶上，器形以罐、瓮、壶为主，器物瘦高，底小，上腹大，重心上移。

半山类型

马厂类型

马厂类型的彩陶是继马家窑类型和半山类型之后在艺术上达到了一个新的创造境界的艺术彩陶，它以高古、纯朴、豪放、神秘的艺术感染力震撼着我们的心灵。

马厂彩陶主要纹饰有：四大圆圈纹、蛙纹、波折纹、回形纹、卦形纹、菱格纹、三角纹等。

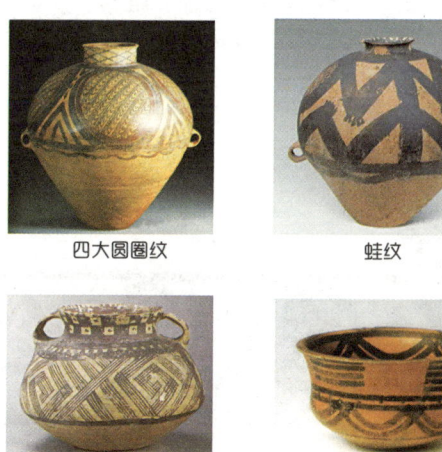

四大圆圈纹　　　　　蛙纹

回形纹　　　　　卦形纹

四大圆圈纹和蛙纹为马厂类型的重要特征。

可能因为蛙类是两栖动物,还有强大的生殖能力,所以成了这个神灵的载体。

这些蛙纹的身体结构大体相同,但表现与装饰手法各不相同,其风格均显示了所处时代的烙印。

马厂类型复彩继续半山类型黑红的线条和色彩构图，宽粗线条运用娴熟，图案豪放、粗犷率性、酣畅不拘，不讲究细腻严密的韵致。其画法粗犷、豪放、大胆、雄浑，类似于写意画形式，从某种程度上可以说马厂彩陶的绘画是中国写意画的源头。

尤其引人注目的是，马厂类型的彩陶上出现了大量的墨绘符号，一般绘制在器物的下腹部无纹饰处。

这些符号可能是当时一些氏族部落的记号，也可能是文字的前身，柳湾彩陶上的１９５种符号，对破解汉字的最早起源和夏朝文字之迷有重要意义。

遗址中出土了一件裸体人像彩陶壶是我国迄今发现的最早的完整人体塑像，是柳湾遗址乃至中国彩陶最重要的发现之一。

裸体人像彩陶壶

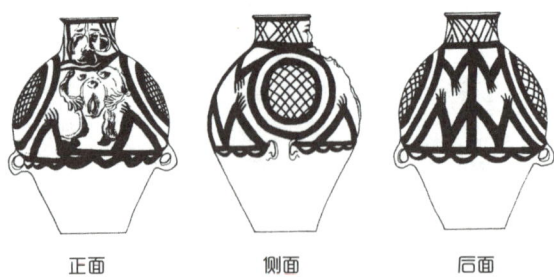

正面　　　侧面　　　后面

我们从这些珍贵的艺术品中,不仅看到古代羌人的形象,还从实物中看到了古代图腾崇拜的痕迹,找到了原始祝殖巫术活动的证据。

蛙纹彩陶壶

顶面　　　正面

当先民把身边的黏土,根据自己的意愿塑造成一种崭新美好的器具,他们的心中一定充满欢喜,那些流传至今的,更是一曲土与火烧制的生命之歌。

静静观赏这些精美的彩陶,时光仿佛倒流了4000年,那个没有文字的时代,彩陶就是历史的模样,是先民的表情。

马厂类型彩陶器形与纹饰早、中、晚期流变绵延的过程,毫无疑问是人类审美意识的发生、凝结、发展和再发现的过程,也是远古先民们艺术地把握世界的最重要的成果,更是人类艺术把握世界的最早例证。文化是历史的缩影,是时代的一面镜子。马家窑文化的高度发展,是新石器时期华夏文明晨曦中最绚丽的霞光。

宜居之地

◎宗日文化(距今约 5300—4000 年)
⦿宗日遗址

　　宗日遗址出土的陶器有马家窑类型、半山类型的彩陶,说明宗日文化曾受到马家窑文化的影响,是两种文化交流发展的结果。宗日陶器中有相当数量的绳纹和附加堆纹的乳白色陶衣饰紫红色彩,绘折线纹或鸟纹,是该文化的代表性器物。
　　宗日文化是青海特有的文化,与马家窑文化并行发展一千多年,也曾受到马家窑文化的影响,属于两种文化交流发展的结果。
　　宗日文化大体发展与马家窑文化相始终,文化面貌也接近,大约延续了 1300 年,后被齐家文化取代。

　　青海的先民们,在今海南藏族自治州同德县的宗日地区,又创造了一个辉煌的遗迹——宗日遗址。

黄河水哗啦哗啦地流,
鱼儿在水中游。

"宗日"系藏语地名，意为"人群聚居的地方"。宗日遗址位于青海省同德县巴沟乡团结村，遗址分布在黄河北岸的二级台地上，是新石器时代遗址。

宗日遗址的发掘始于1983年，遗址总面积共5万多平方米。出土文物23000余件。文化类型主要有马家窑类型、半山类型。

宗日遗址墓葬里，出土遗物相当丰富，从质地来分有石、骨、陶等，从用途来分有生产工具、生活用具、装饰品等。

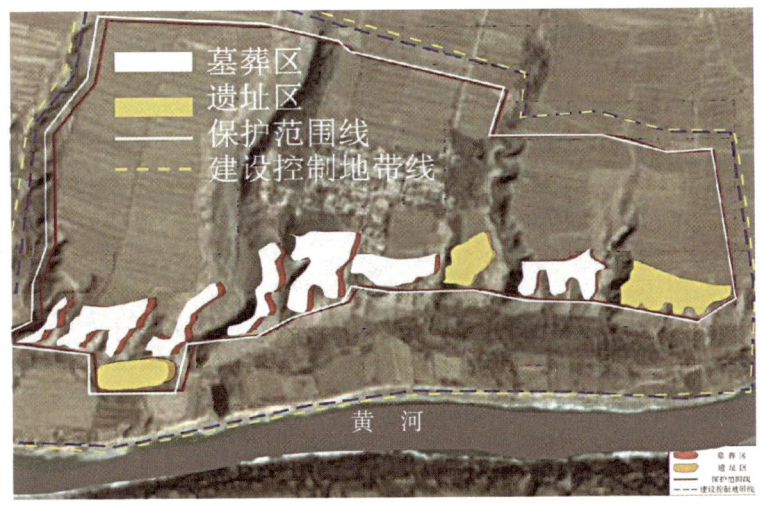

1986年宗日遗址被列为省级重点文物保护单位，2013年被公布为第七批全国重点文物保护单位。

宗日先民们生活在依山傍水的黄河岸边，气候温暖，水利条件优越。平坦的地势和丰美的水草成为先民们的最佳牧场。在这样的环境里，他们过着丰衣足食的生活。

当时的社会是以渔猎为生的母系氏族社会阶段，就和今天一模一样，丈母娘是终极ＢＯＳＳ，通关难度Ａ＋＋＋。

> 狗狗，想娶我们家花花？这么漂亮的盆盆你有吗？

> 不就一个马家窑盆盆吗？我给你捏几个

宗日文化的主要构成因素为陶器，从出土的陶器来看，主要分为泥质细陶和夹砂粗陶两大类。

出土文物中只有少量马家窑类型的细泥或夹细砂陶，质地坚硬，胎和器表均呈橙黄色，大型器物的下腹部呈黄褐色，器表打磨光滑，非常漂亮，器类有壶、罐、盆、碗等。

狗狗的丈母娘非常喜欢的那个盆盆就是此类陶器

出土文物中还有少量半山类型的细泥或夹细砂陶，陶色与马家窑相似，但质地稍显粗糙。彩绘以黑红复彩和单一黑彩为主。器类有壶、罐、碗等。

宗日先民在吸收了东部马家窑文化人群的制陶技术后，创造出了自身特有的宗日式陶器，出土数量占绝大多数。

宗日夹砂陶以夹粗砂乳白色陶占绝大多数，有极少量泥质乳白色陶。绳纹、附加堆纹较普遍，器类有壶、罐、碗、杯等。

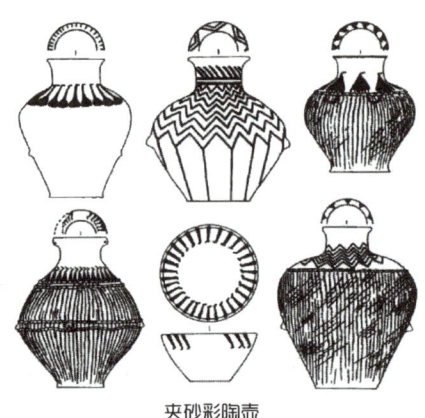

夹砂彩陶壶

相对于细泥陶而言，粗陶在制作时往陶泥中羼入细砂或研碎的陶末，烧成后陶胎略粗。宗日文化的夹砂粗陶壶，是该文化典型器物。其胎色显白，用褐色颜料绘上鸟（鹰）纹、变形鸟纹等纹饰，制作精细。

鸟(鹰)纹彩陶壶
通高22.8厘米 口径9.5厘米 底径9.5厘米。
夹砂陶,侈口,粗颈,鼓腹,平底,无耳。腹部饰有绳纹。彩陶纹饰为紫红彩,口部饰小三角纹,颈部为折线(山形)纹,肩部一周绘变形鸟(鹰)纹。纹饰简洁抽象,手法自然娴熟。
青海省博物馆藏

宗日的夹砂陶需1020摄氏度左右的温度才能烧制成型,而泥质细陶只需800摄氏度左右即可成型,所以宗日夹砂陶质地更加坚硬,可以放在火上烧煮食物,极大地拓展了陶器的使用功能。

广场舞之乡

◎宗日文化（距今 5300—4000 年）
⦿宗日遗址

在马家窑文化晚期，同德宗日文化及大通上孙家寨出土的多人连臂舞蹈纹等人物形象，均出现在马家窑类型分布的西部边缘地带，具有地方特色，同时此类舞蹈纹题材还广见于距今 11000—8000 年的亚洲西南部、地中海东部沿岸和非洲东北部以及东南欧地区，说明舞蹈纹类题材也有向东传播的可能。

关于宗日遗址，我们继续它的故事。

上回我们说从宗日遗址出土了大量的陶器，陶制品的大量生产，说明这一时期制陶的社会分工出现专业化，有了专门的制陶工匠。

从一些研究的资料来看,宗日遗址所出土的泥质细陶,为马家窑文化中、后期器型。

宗日遗址的发现,从一个侧面反映了高原腹地在远古时代并不是蛮荒之地,而是中华文明的发祥地之一。

1995年,宗日遗址第157号墓内出土了一件舞蹈纹彩陶盆,此件文物的出土引起国内外各界的轰动,被视为国宝。

舞蹈纹彩陶盆
高12.5厘米,口径24.2厘米,腹径24厘米,底径9.9厘米。
敛口,卷沿,小平底,黑彩纹饰,口沿处有成组的对顶三角纹和斜线纹,外壁绘有三道平行弦纹,口沿内壁绘有两组手拉手群舞的人体图形,一组11人,一组13人,共24人。
青海省博物馆藏

这个陶盆最引人注目的地方是内壁上描绘的,人形舞蹈图案,舞者之间拉手相连似为女性,头饰装束宽大,臀部浑圆肥硕,舞蹈腿型为锥立状和分腿状。

舞蹈者的形象以单色平涂的手法绘成,手拉着手踏歌而舞,面向一致,造型简练明快。

当盆中盛水时,舞人可与水中倒影相映成趣,小小的水盆仿佛变成了平静的池塘,欢乐的人群映在池水之上,这种韵味让人心醉。

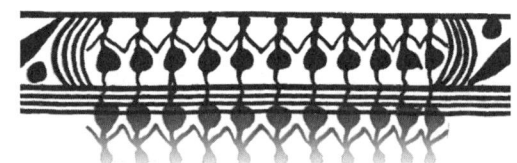

它不仅真实生动地再现了先民们群舞的热烈场面,也形象地传达出他们生机勃勃的活力。

这种作品不仅让我们形象地观赏到 5000 年前 "舞蹈艺术家"那优雅美妙、整齐划一的翩翩舞姿,而且能感受到原始社会欢快、浓烈的部落节日气氛。

彩陶盆的设计制作,还体现了当时制陶工艺的熟练和审美思想的进步。自古歌舞相生相伴,同年,宗日遗址还出土了一件陶埙,这是青海省迄今发现年代最早的陶埙,它与曾轰动全国的宗日舞蹈纹彩陶盆一起见证了 5000 年前青海高原先民拥有的文明高度。

陶埙

高 6.6 厘米,吹孔径 1.3 厘米,是用细泥捏成鼓腹空心的坯,再钻上吹孔和音孔,用火烧成陶器。
青海省博物馆藏

据专家分析,彩陶盆上描绘的舞蹈,与今天仍在跳的锅庄舞一脉相承。对舞蹈画面表现的内容有狩猎生活、图腾崇拜、庆祝丰收、祈求生育和农业祭祀等多种解释。

宗日出土的这件陶埙,和陕西临潼出土的 6000 年前的陶埙基本一致,有两个指孔,单手持或双手持来吹奏都行,这种陶埙音阶简单,音色低沉朴拙。

陶埙是宗日文化最具代表性的器物之一,在音乐诞生的人类文明的滥觞时期,宗日文化的远古先民们便是吹奏着它完成了耕作与狩猎之余的祭祀与自娱。

专家学说

◎宗日文化(距今 5300—4000 年)
◉宗日遗址

双人抬物纹饰的彩陶盆在马家窑文化中仅此一件。因此,对于它的解读更是众说纷纭。

1995 年宗日遗址第 192 号墓内,又出土了一件国宝——双人抬物纹彩陶盆。此件文物的出土再次引起国内外各界的关注。

双人抬物纹彩陶盆，马家窑文化类型，细泥制作而成。唇外侈，腹略鼓，腹以下内敛，小平底，两侧有对称的小钮。器形规整，纹饰精美。

该盆图案共分为三部分：外彩为三线组结纹，唇彩是斜线纹和三角纹，内彩绘在盆内腹部以上部位，主题纹饰为四组对称的"双人抬物"纹。间以横、竖粗细条纹，上下两端分别以一道和五道弦纹界定，构成一幅四方对称、两方连作、优美和谐的完美画面。

盆中人物形象以单色平涂的手法绘成，黑色圆点来表示头部，用粗线来描绘躯干，以细线来表现四肢。两人相向分腿而立，腰背微屈，四手共持一个圆形物体，造型简练明快。

彩陶纹盆内壁的双人抬物图案寓意深刻，耐人寻味。

公礼说：

整幅图案所描绘的乃是"公"的礼，多人共同从事祭祀乃是一种"公"的象征记录。

祈殖说：

所抬硕大圆球形物体是一种模拟道具，是在农祭场合借助巫术手段催生魔法效应的神种。

取水说：

双人抬物纹饰是宗日先民日常取水活动的真实记录，是现实生活场景的艺术再现。

夯筑说：

圆形物体就是今天的夯石、杵子的原型，整幅图案艺术地表现了古人夯筑墙体的劳动场面。

双人抬物纹彩陶盆不仅是文物珍品，也是绘画艺术和造型设计艺术的精品，在中华文明的宝库中将永远闪烁着灿烂的光芒。

青海省博物馆的 logo 即来自双人抬物彩纹陶盆上的图案。

餐桌上的文明

◎ 宗日文化（距今 5300—4000 年）
◉ 宗日遗址

> 你知道吗？早在4000多年前，我们的祖先就开始慢慢注重生活品质的追求。餐具的"考究"、礼俗秩序的建立，说明这时的文化雏形逐步形成。

骨制品是史前时期先民们重要的生产工具之一，宗日遗址中出土了大量的骨器，有生产工具、生活用具和装饰品等。生产工具主要有骨锥、骨针、骨镞、骨鱼钩等。

骨锥
长 13.8-6.3cm 骨质磨制

骨锥是钻孔的工具，用动物腓骨或肱骨制成，骨锥是当时使用最多的尖刺类加工工具，古人用来穿透兽皮等物品。

骨针

骨针为缝纫加工用具,用动物肢骨劈裂磨制而成,形制和现代金属针基本相同。

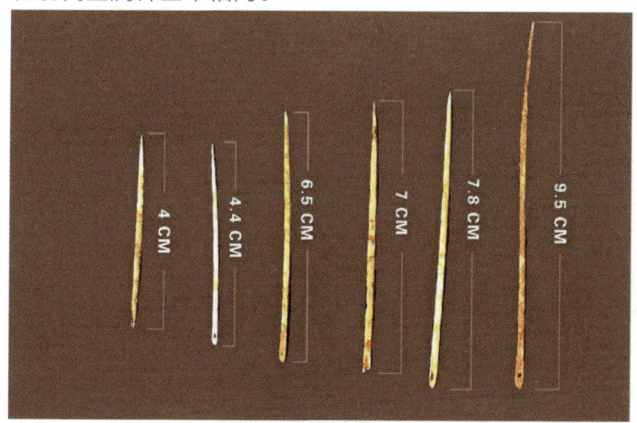

骨管

骨管一般用来收纳骨针,有时用来做骨笛。骨管用鸟肢骨或哺乳动物肢骨磨制而成

长 5.9 厘米,内径 1-1.2 厘米,外径 1.2-2 厘米,骨质平面略有弧形,两端略磨。

骨镞

骨镞是狩猎和战争工具,也是很重要的生产工具,一般用动物骨骼切割成型,再经打磨光滑而成。骨镞常置于用桦树皮制作的矢箙中。

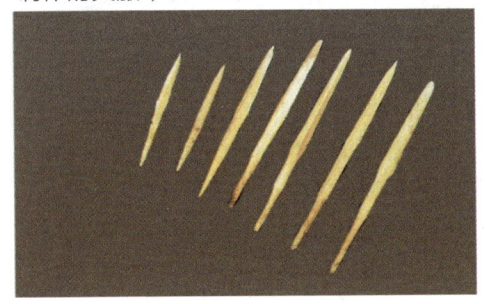

最长 14.9 厘米,最短 8.5 厘米,长短不一,形状各异,镞头有三棱和菱形两种,梃部断面均为圆形。

鱼勾

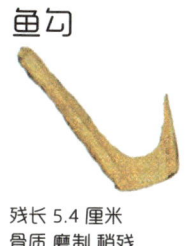

残长 5.4 厘米
骨质 磨制 稍残

宗日先民生活用具主要有骨刀、骨叉、骨勺、骨簪、骨梳等。1995年5月，在宗日遗址14号灰坑先后出土了骨叉、骨刀、骨勺，被誉为"人类餐叉之祖"。

骨梗刀
长 26.4 厘米，宽 2.2 厘米，厚 0.5 厘米

骨叉
长 25.8 厘米，宽 2.6 厘米，厚 0.2cm 厘米

骨勺
长 17.6 厘米，宽 2.2 厘米，厚 0.3 厘米

数千年前，宗日先民已经使用骨质餐具，在同一时期考古发掘中，宗日遗址是黄河上游唯一发现骨质刀叉的古文明遗存。

人们向来都以为是西方人发明了刀叉，被视为西方文明标志的餐叉用历史不超过 1000 年，而宗日遗址出土的骨叉、刀、勺，形制与现在刀叉无异，距今已有 4000 多年的历史。

经考古发掘,专家认定 14 号灰坑就是宗日先民日常丢弃废弃物的垃圾坑。

骨梗刀

骨刀有两种,一种是直接用动物的肋骨磨制而成;另一种则在刃部开槽,镶嵌薄石片,使刃部更加坚硬锋利,石片破损后还可以随时更换。这种用两种不同的材质组装在一起的复合用具,也称"骨梗石刃刀"。

骨制装饰用品主要有骨饰片、骨珠、牙饰等。

牙饰
长 5.8~8 厘米
骨质，平面为弧形，尖部锐利，另一端有缺口，用以系绳

獐牙饰
长 11.5 厘米，宽 2.5 厘米
骨质，略呈三棱状，磨制，上有 8 个钻孔

骨簪
长 14.2 厘米宽约 1.1 厘米，厚 0.5 厘米
骨质，平面和断面均为长方形，磨制，一端磨制成尖

骨饰片
长 2.9~3.4 厘米，宽约 0.2~07 厘米，厚约 0.1 厘米，骨质，长条形，磨制而成，有些一面刻齿，有些两面刻齿

臂饰
长 10.8~115 厘米，宽约 0.833 厘米，
骨质，用长方形骨片制成，有两种样式，一种两边有齿槽，两端刻有平行条纹
另一种在骨片上刻有三角纹，两端刻有浅槽，骨饰片拼对起来所刻纹可以相对，表面磨制精细

海贝
长 1.3~1.5 厘米，宽约 1~1.2 厘米
骨质，平面近似圆形，有孔

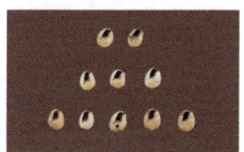

从一件简单质朴的骨饰品到复杂的生产工具或装饰雕刻用品,我们可以看出史前人们已经熟练地掌握了削、割、磨、刻、切、钻孔、嵌入细石器等各种骨制品加工手段。

这些精美的雕刻骨制品,说明制作者不仅有娴熟的雕刻技术,而且有着良好的审美情趣。其作品也为我们展现了史前先民们的生活画面。

宗日先民的葬具形式多样，有木椁、木棺、石棺、瓮棺等，在这主讲一下木棺和石棺。

世界上任何一个民族，都有属于自己独特的人生礼仪，由生到死，丧葬习俗更是其中不可缺少的一部分。

木棺

分前后左右上下六面齐全的长方形木箱，用木板按榫卯结构做成，结构合理制作工艺较高，体现了当时巧妙的制作工艺。

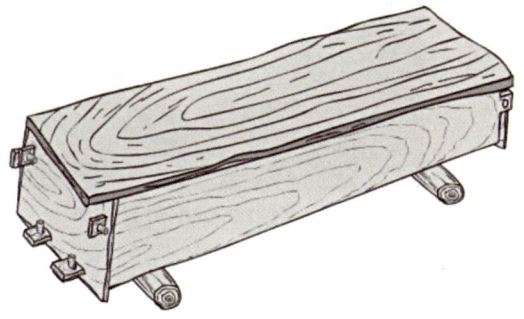

竖穴土坑墓复原展示,在土坑内用木材构成长方形或方形的椁室,将棺放置其中,木棺加木椁,这种葬式用于氏族头领等重要人物。

竖穴土坑墓复原展示

石棺

正中间用石板拼筑长方形石棺,四周再用土填实,棺内放置逝者和随葬品,再以石板封盖或不封盖,均无底板。

一层石盖板

二层石盖板

小伙伴们，重点来了，宗日的墓葬也有多种形式，如石棺葬、二次扰乱葬、火葬和瓮棺葬等，下面让我们依次重点介绍。

石棺葬

它的存在是宗日墓地的一个重要特征，打破了青海地区青铜时代以前没有石棺葬的先例，这些石棺刚开始也许是一种就地取材的随意行为，后被作为文化传统延续下来，成为某一地区的文化特征。

二次扰乱葬

对墓葬进行二次扰乱也是一个特殊现象,即埋入一定时间后再次挖开,把尸骨次序打乱后再回填至墓穴中,人体的重要部分,如头部及腹部被扰乱的比例大。二次扰乱行动并不是针对单一墓葬,而是多座墓同时扰乱,因此某些墓中人骨严重缺失,相应地某些墓中便有乱骨增多的现象。

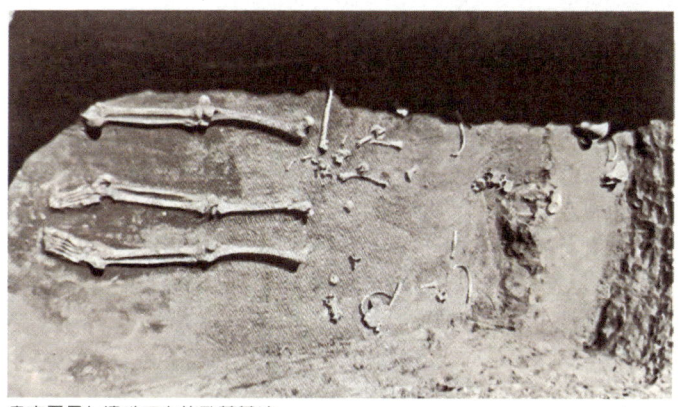

贵南尕马台遗址二次扰乱葬墓坑

俯身葬

宗日遗址墓葬的葬式多样,多盛行单人葬,葬式有仰身葬、俯身葬、侧身葬多种。以俯身葬最为普遍,且有一臂上举到头侧,手中或握有骨刀,像是一种特定仪式。

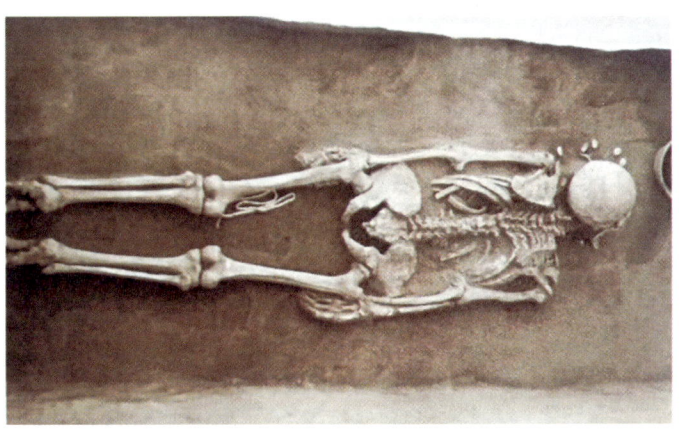

贵南尕马台遗址俯身葬墓坑

火葬

宗日遗址中发现了少量的火葬墓,一般墓葬口有草木灰,灰中有兽骨及陶片,表现为葬具与尸骨一同焚烧然后埋葬。

后据观察又有两种情况,一种是初次入葬时焚烧、呈现出葬具烧毁骨骼被烧但是大致保持正常次序、墓穴四壁有火烧痕迹等状况。另一种似乎是二次扰乱时焚烧,呈现出墓穴四壁不规整且焚烧过的骨骼散乱且有缺失等现象。

火葬形式在西北地区出现时间较早,对西北古代民族史研究有其特殊的意义。

这是我国发现的最早的火葬习俗,其形制特色鲜明,有着非常丰富的文化内涵,极具研究价值。

瓮棺葬

是一种比较特殊的埋葬习俗,一般用日常生活中常用的陶器盆、罐、瓮等上下合扣的葬具来埋葬夭折的儿童。

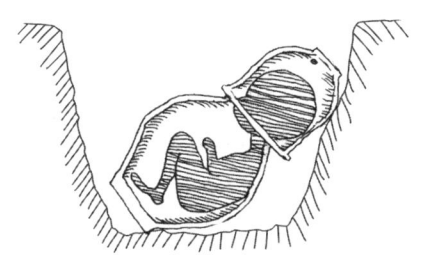

瓮棺葬一般葬于居住的房屋附近,这样做是不想孩子离开母亲太远,不想让孩子感到孤独寂寞。这种丧葬形式体现了人世间最崇高最真实的母爱。

随葬品

宗日遗址出土早期铜器总数超过 10 件,在中国早期冶金研究中占有重要地位,在瓮棺葬里出土了以下器物:

铜环

青铜质,用铜环扭成
青海省博物馆藏

铜器

青铜质,平面呈三角形,中间有脊,残
青海省博物馆藏

宗日遗址发掘的众多随葬品中，除了前期介绍过的彩陶、骨器，学术界另一关注点便是 M200 出土的玉器。

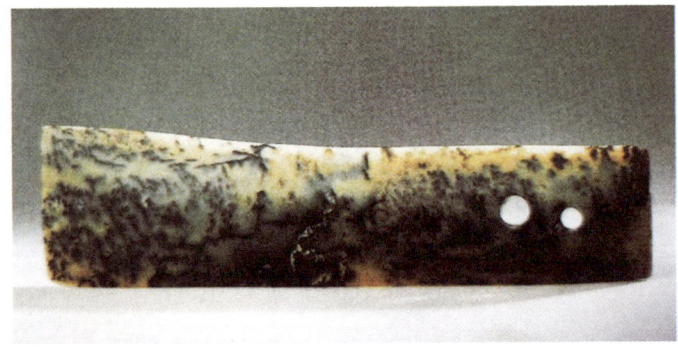

穿孔玉刀
长 23.4 厘米，宽 4.4—6 厘米，厚 0.5 厘米。玉石质，略呈梯形，磨制，一端穿两孔，孔由一面钻成，刃部平面略呈弧形，由一面磨制。
青海省博物馆藏

玉璧
外径为14.5厘米，内径约5.8厘米，厚0.7厘米。
玉石质，圆形，中间钻孔，孔为一面钻成，整个璧面磨光，呈半透明状。
青海省博物馆藏

　　苍璧礼天，黄琮礼地。玉器是古代礼制活动中使用的器物，玉礼器主要用于祭祀活动，玉刀、玉璧等祭礼用品的发现，反映了宗日先民朴素的原始宗教心理。

丧葬习俗可以反映出一个民族、一个社会、一个历史时期原始先民的思想意识,因而也能折射出当时社会的实际面貌。研究古代丧葬习俗,是认识人类古代文明的一个重要窗口。

宗日遗址出土的文物,有打制的石器也有磨制的石斧、石刀,有骨锥、骨针、骨铲、骨勺、骨叉及镶嵌细石器的骨梗刀,有至今仍能吹奏出悠扬婉转乐曲的陶埙,有国宝级精美的彩陶,还有玉璧、玉刀、铜环。看着这些真真切切的实用器具,你会感触到史前先民手中的余温。你会想象到宗日人山下炊烟袅袅,山上篝火团团的史前生活场面吗?宗日遗址,为我们再现了青藏高原古人类的生活情景,它如同一颗耀眼的明珠,在历史的星河中璀璨夺目,熠熠生辉。

青铜之路

◎ 齐家文化(距今 4200—3600 年)
⦿ 青铜时代

齐家文化是新石器时期晚期至青铜时代早期的过渡时期,是铜器、石器并用的时期。其中青铜之路也是冶炼技术的传播之路。

齐家文化,1924 年首先发现于甘肃广河齐家坪遗址而得名。

1924 年,安特生在甘肃广河齐家坪遗址

经碳 14 测定，齐家文化大约产生于距今 4130±105 年前，属于黄河上游地区新石器时代晚期文化，已经进入铜石并用阶段。

冶铜术的发明及青铜器的制作和使用，是人类一项伟大的发明创造，是科学技术发展史上一个重要的里程碑，考古学上根据青铜器的出现和使用划分出了青铜时代。

青海发现铜器的齐家文化地点 10 余处，总数已超过 200 件，贵南尕马台墓地出土铜器 42 件，是目前青海境内齐家文化铜器最丰富的一处地点，其中铜镜 1 件、铜泡 25 件、环 8 件、指环 7 件、镯 1 件。

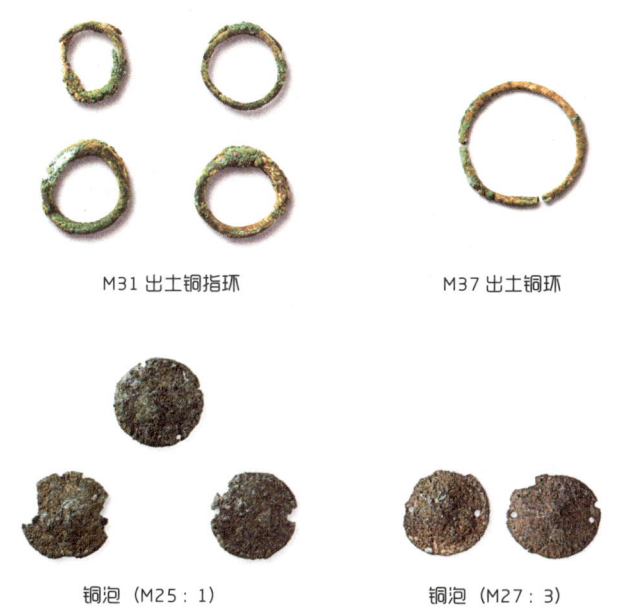

M31 出土铜指环　　　　　M37 出土铜环

铜泡（M25：1）　　　　　铜泡（M27：3）

尕马台遗址是新石器时代遗址，位于贵南县拉乙亥乡昂索村龙羊峡水库东岸。

1977年,青海省考古研究所进行了发掘,遗址早期曾是一个新石器文化人类聚落遗址,齐家文化时期环境开始恶化,最终由于风沙活动的扩张,聚落遗址弃为墓地。

发掘现场

遗址共清理出齐家文化墓葬60余座,有竖穴土坑墓和瓮棺葬等多种葬式,出土遗物达1万余件。

清理瓮棺葬现场

其中M25出土的七星纹铜镜,是迄今中国境内年代最早饰花纹的青铜镜,堪称齐家文化青铜器艺术精品,在中国青铜镜史上弥足珍贵。

铜镜置于人骨胸前,直径 9 厘米,厚 0.25 厘米。镜正面磨光,背面饰七角星纹,各角之间饰斜线纹。中间有半圆形钮,已残。"镜边缘钻有两个小孔,双孔上结系着一圆木,应为镜柄……镜柄甚朽,无法采集。"

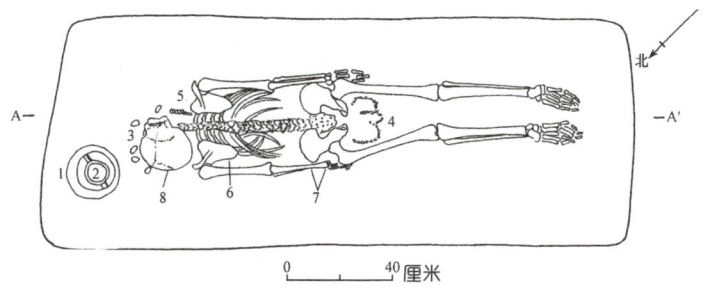

M25 平、剖面图
1.A 型陶盆 2.彩陶双耳罐 3.海贝 4.骨珠 5.绿松石珠 6.铜镜 7、8.铜泡

与齐家文化铜镜相似的几何纹镜，安阳殷墟墓葬中出土了6面。（妇好墓出土4面，大司空村南地出土1面，侯家庄西北岗出土1面）

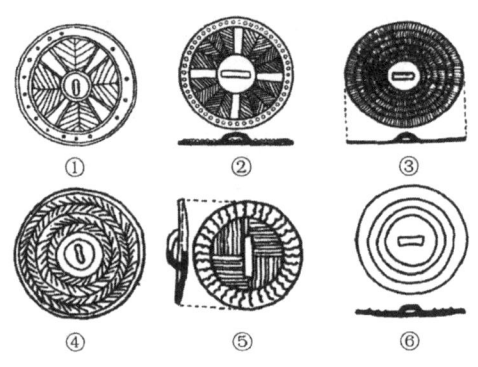

①②③④妇好墓出土　⑤侯家庄西北岗出土　⑥大司空村南地出土

青海地处东西方文化交流和人类迁徙的重要通道，对文化间的交流和碰撞发挥着积极的推动作用，有专家认为尕马台铜镜的形制、纹饰与殷墟妇好墓出土的相近，两者之间似乎有一定的联系。

也有分析认为七星纹青铜镜是一件有柄镜,此种器型是巴克特里亚地区铜镜的典型风格,而且星状纹饰常见于巴克特里亚更早的遗物之上,由此推断尕马台与巴克特里亚地区有文化交流。

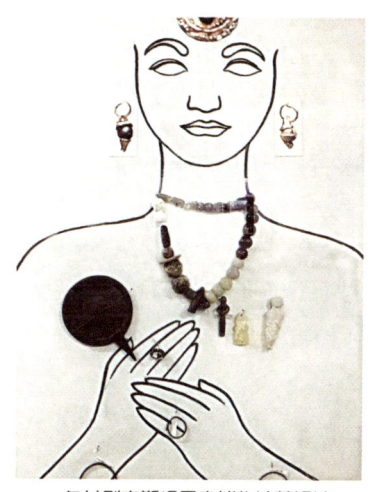

乌兹别克斯坦国家博物馆藏铜镜

20世纪80年代,新疆哈密市天山北路墓地出土了铜器3000余件,种类繁多的牌饰中最多的是圆形牌饰。

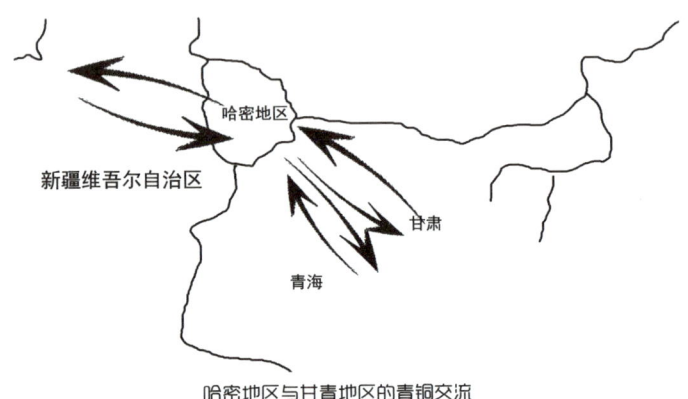

哈密地区与甘青地区的青铜交流

圆形牌饰中,小而凸面的称为铜泡,直径大一些的称为铜镜或镜形饰,其中铜镜出土了100多面。

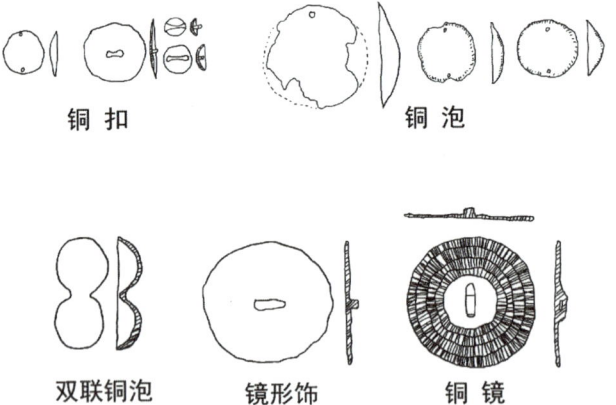

有专家认为齐家文化发掘的墓葬和遗址数以百处,众多出土铜器中只偶见有两面铜镜。考虑到中亚西部和西亚更早的铜镜,将新疆早期铜镜当成铜镜东传的"驿站",可能更客观些,更有说服力。

天山北路墓地出土人面太阳纹铜镜

有专家曾对七星纹铜镜的成分进行了非破坏性鉴定,青铜镜的铜锡比为1:0.096(含锡约8.8%),这种合金配比镜面并不适合照容,可能是萨满巫师用来沟通天地的媒介。

达斡尔萨满衣

鄂伦春人的萨满衣

把铜镜作为神器使用,与中国西北地区早期萨满教的盛行关系密切。萨满教的兴起,可追溯到新石器时代或更早。青铜时代繁荣起来哈密天山北部墓地有身上挂满铜镜及圆形铜饰逝者的墓例,青海湟源大华中庄的远古逝者更是神器满身,它们生前都是萨满巫师。

"萨满"是通古斯语的音译,意为"晓彻",即能了解并传达神意之人。"萨满是天的使者和奴仆。"

咱们来想像一下,萨满仪式进行过程中,萨满巫师模拟神灵和神灵动物的剧烈动作载歌载舞,他们身上所佩各神器,以铜镜为主,伴随萨满舞蹈叮当作响,光亮的铜镜表面隐约能见映出的人物像,大多数铜镜表面或凸或凹,映出的人物图像也会随之夸张地变大变小或者变形,透出神秘氛围……此时诸神灵控制着人们的思维,人们见到铜镜背面隐约映出变形的人物或其他景象时难免会将其与超自然"神性"联系起来,相信这就是神性和神力的显现!

考古发现和研究表明，公元前2000—3000年，欧亚大陆存在着广泛的文化交流。早在丝绸之路开辟之前，亚欧大陆就存在着一条青铜之路。

塞伊玛—图尔宾诺文化遗存是欧亚草原一支十分重要的青铜时代考古文化，一般认为，塞伊玛—图尔宾诺文化在阿尔泰山兴起，随之沿欧亚大陆的主要河流广泛传播，该文化南下进入中国新疆、甘肃、青海后继续东进，进而影响中原地区。

塞伊玛—图尔宾诺文化遗存特色是倒钩铜矛，此类铜矛迄今发现于青海、陕西、山西、河南四省，共 13 件。1992 年青海西宁沈那遗址出土 1 件。

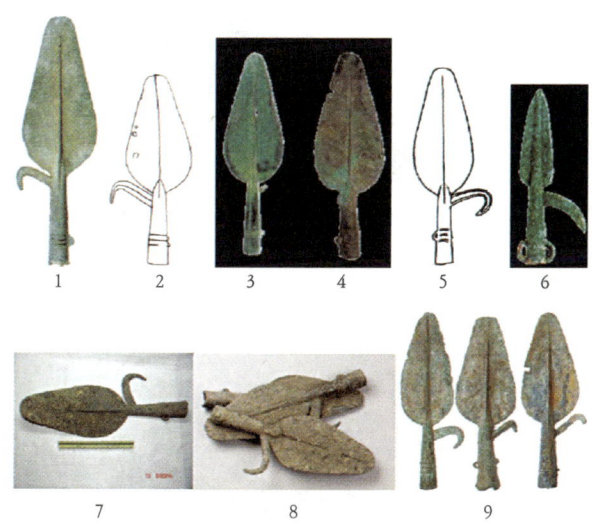

中国境内的塞伊玛-图尔宾诺式倒钩铜矛
1. 青海西宁沈那(Ab 型) 2. 陕西省历史博物馆(Ab 型)
3. 山西工艺美术馆(Aa 型) 4. 山西省博物院(Ab 型)
5. 中国国家博物馆(Ab 型) 6. 安阳殷墟刘家庄北地 M33(B 型)
7、8. 河南淅川下王岗 H181(Ab 型)
9. 河南南阳市博物馆(Ab 型)

铜矛全长62厘米,矛身长40厘米。矛头两翼最宽处19.5厘米,形似阔叶,中部有一凸起的脊线。青铜质,合范铸,造型硕大精美。矛未开刃,不似实用物,可能是礼器。

此类矛通常被称为阔叶倒钩铜矛。

试想一下这个场景:首领对上天进行着虔诚的祭拜,身边的侍从高举着巨大的铜矛进行护卫,这种神秘而庄重的仪式确实是非常震撼的。

近年来多位专家学者对部分青海齐家文化铜器进行了检测分析，铜器质地包括青铜、砷铜、红铜等。青铜是红铜（纯铜）与锡或铅的合金，因埋在土里后颜色因氧化而青灰，故名青铜。含锡 10% 的青铜硬度为红铜的 4.7 倍，性能良好。

青铜出现后，对提高社会生产力起了划时代的作用。

红铜、砷铜和青铜，在 4000 年前左右几乎同时出现在齐家文化中，数以百计的铜器证明西北地区没有经历红铜文化时代，而是直接进入了青铜时代。

宗日遗址出土铜器 10 件,主要是装饰品。

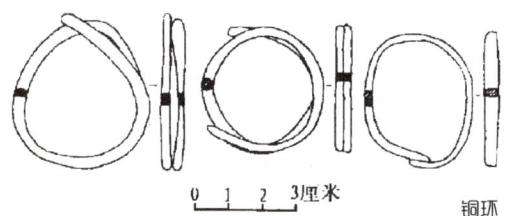

铜环

长宁遗址 H32 发现一件铜环,已残断。

柳湾墓地中发现一件铜镞,是目前青海齐家文化所见仅有的铜质武器类。铜镞的出现,在早期铜器发展进程中具有标志性意义,因为铜镞无论用于狩猎还是用于战争,它都是一种强消耗性的器具,是铜器冶铸发展到一定程度的产物。

TD7 出土铜镞

互助总寨墓地出土6件铜器,包括铜刀、骨柄铜锥、骨柄铜刀各2件,均为小型工具,骨、铜复合是该墓地铜器突出的特点。

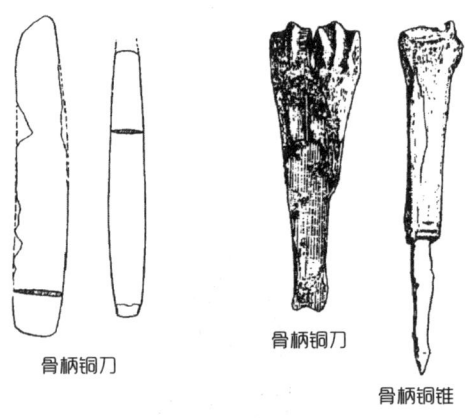

骨柄铜刀　　骨柄铜刀　　骨柄铜锥

另外,喇家遗址在文化层中发现1件残铜器,金蝉口遗址出土铜器6件,4件出自房址(泡、镞各1件,残铜器2件),灰坑和文化层各发现1件(耳环、指环)。

中原地区最早出现的是黄铜，也发现了年代稍晚的红铜，但自公元前 2000 年前后开始，青铜成为主流。很显然，两个地区的早期铜器自成体系，各自经历了不同的发展道路。

齐家文化铜器是中国青铜器文化的初级阶段，齐家文化包括整个西北地区青铜器虽然数量较多，但均为小件工具，同中亚及欧亚草原一致。

齐家文化是中国青铜文化产生和发展的重要源头，青海齐家文化铜器是中国早期铜器的重要组成部分，同时在东西方文化交流中发挥着非常重要的桥梁作用。

玉泽河湟

◎ 齐家文化（距今约 4200—3600 年）
◉ 青铜时代

> 在 4000 年前，中原地区的玉制礼器向齐家文化输入，同时齐家文化的玉料也向中原地区输出，这样的文化交流与互补就形成了早期的玉石之路。

中国人自古就有浓厚的崇玉情结，玉文化是华夏文明的重要组成部分。

古先民认为：美玉聚天地之灵气，凝日月之光华。不仅能给人带来吉祥福瑞，而且具有特异的物理性能。玉器承载着中国古代道德、宗教、信仰、情感、意志等诸多精神需求。

于是在西方约定俗成的世界古典文明发展阶段"三段论"即"石器—青铜器—铁器"的基础上，中华文明附加了一个有别于其他民族和地区的独特属性——玉文化。

处于西北地区的齐家文化玉器,材质之美、制作之精、文化特征之鲜明,器型繁多、挺拔大气、朴素精致、玉色丰富,成为华夏玉文化的另一个源头。相比于其他文化的玉器,齐家文化玉器有以下几个特点:

一、材质好,沁色好

中国自古就有"西土出美玉"的说法,齐家文化玉器占据了得天独厚的自然条件,在武山、积石山、马衔山、祁连山等地都发现了玉矿,齐家文化地域范围还延伸到了青海的昆仑山山脉。

其材质包括石、半石半玉、玉、绿松石、天河石等,有青白玉、白玉、黄玉、碧玉、墨玉、糖玉等,其所用玉料更接近"真玉"的标准,这是其他高古文化玉器所不具备的。

玉料
青海省博物馆藏

玉料
青海省民和县官亭镇喇家遗址出土
青海省文物考古研究所藏

白玉璧
青海省博物馆藏

玉纺轮
青海省民和县官亭镇喇家遗址出土
青海省文物考古研究所藏

　　齐家文化的古玉因为玉质较好,保存环境干燥、埋藏环境简单,沁色沉稳简洁、厚重朴实、自然大方,更具观赏价值。

二、品种多,种类全,器型大

齐家玉礼器是商周玉礼器的雏形和重要起源之一,商周"六器"在此基础上发展变化得更规整、更完善。

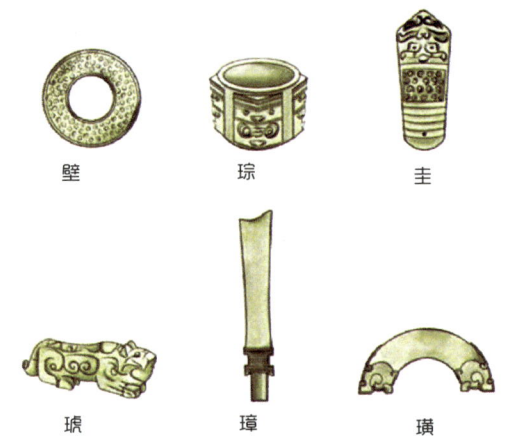

璧　　琮　　圭

琥　　璋　　璜

礼器是古代礼制活动中使用的器物,玉礼器主要用于祭祀活动,但并非泛指礼仪中所用的一切玉器,而是专指璧、琮、圭、璋、璜、琥这六种玉器,称之为"六器"
按《周礼·大宗伯》的说法:"以玉作六器,以礼天地四方。"
"以苍璧礼天":用青色玉璧来祭天——天神
"以黄琮礼地":用黄色玉琮来祭地——地祇
"以青圭礼东方":用青色玉圭来祭东方之神——青龙
"以赤璋礼南方":用红色玉璋来祭南方之神——朱雀
"以白琥礼西方":用白色玉琥来祭西方之神——白虎
"以玄璜礼北方":用黑色玉璜来祭北方之神——玄武

由于齐家文化地域有天然的玉材优势，所在地域内存在许多玉矿藏。齐家玉器出现了其他高古玉所没有的大件器物，有直径达 32.1 厘米的玉璧，有高度达 16.7 厘米的玉琮。

2002 年，喇家遗址出土的一件三孔大玉刀复原长达 66 厘米，是目前已知正式考古发掘出土最大的玉刀，可能是礼器中的"王者之器"。

玉刀
青海省民和县官亭镇喇家遗址出土
残长32.8厘米，宽16.6厘米，厚0.4厘米
通体较透亮，淡绿色，玉色中夹杂白色斑纹，器形制作规整精致，棱角分明，刃部锋利，素面度光。

玉刀出土的位置是在土台祭坛的边缘部分。在军事民主制时期的齐家社会，部落首领独揽军权，这把玉刀可能是他的军权的幻化物，也可能是他权力等级的象征。

齐家文化玉器数量比较大。长期研究齐家玉器的中国社科院研究员叶舒宪认为：地域玉矿藏优势和当时社会对玉的崇拜和热爱，齐家玉器的总数量"堪称成千上万"，他进一步指出，"齐家文化是中国（也是世界）史前文化中最大批量地生产和使用玉礼器的一个西北地方的文化共同体"。

三、具有简洁朴素之美

齐家文化玉璧在风格上均以光素为主，不尚繁饰、厚重沉稳，其造型简单朴拙、粗犷、豪放，品种多样、方圆中矩、线条流畅，大气凝重。

玉璧
青海省博物馆藏

玉璧
同德宗日墓地出土
青石质，已残裂，单面钻孔。一半呈土黄色，土沁（水沁）严重。
青海省博物馆藏

这其中的原因或许是因为玉材硬度较高,由于铜金属工具硬度还不够,玉器加工难度比较大,所以齐家文化玉器主要以素器为主。

或是当时人们崇尚简单朴素之美,新石器时代晚期玉器大多比较简洁朴素,多是原始人对自然物的抽象理解、神化、简化的结果。

玉璧
青海省民和县官亭镇喇家遗址出土
青海省文物考古研究所藏

四、制作工序

齐家文化玉器的制作工艺有选料、开料、切割、钻孔、打磨、抛光等工序。

在玉器的选材上表现出鲜明的因材致用,玉质滋润、色泽纯正的玉材普遍用于玉礼器;斧、锛、凿等工具类玉器,其玉石材料多为普通玉料。

齐家文化玉器的切割技术已非常娴熟，以薄片切割最为突出，喇家遗址地层中出土的残刀，复原长度65.8厘米，宽16.6厘米，厚仅0.4厘米，反映出令人叹为观止的切割技艺。

新疆和田玉的硬度为摩氏6—6.5度，现代钢锯的硬度为6度。现代钢锯尚不能刻划新疆和田玉，但在4000年左右的齐家文化时期，先民是使用什么工具来制作和田玉玉器的呢？因为齐家玉器的制作方法和制作工具至今没有发现记载和出土，猜测和推断是不足以证明真实的历史存在的，需要我们在今后的考古挖掘、遗址墓葬发现中逐步解析。

从齐家文化玉璧的钻孔来看，单面钻和双面钻都有，而以单面钻为主，上大下小的马蹄形钻孔是齐家文化玉璧的一个标志。

玉璧芯
青海省民和县官亭镇喇家遗址出土
青海省文物考古研究所藏

判断齐家玉器真伪有以下个方法：

在一些大型的璧、琮等器物上残留有切割的痕迹或梯台，这也许是剖解技术前后不一的反映，但却成为鉴定齐家玉器真伪的一个特点。

鉴定齐家玉器的另一个特点是钻孔技术，早期制品多采取单面钻，因钻孔上大下小呈漏斗状，藏界俗称"马蹄眼"，有些孔眼似乎没钻透，就敲击贯通，故洞眼底部周边残留有一些小缺刻，这种不耐烦或者急于求成的做法恰恰是齐家人治玉的一个特点。

齐家玉器双面钻孔主要是用于较厚的玉琮或管型器等，因两面对钻时圆心错位，中间往往残留有台阶，这是其第三个特点。当齐家玉器发展到后来的兴盛期时，就一改过去毛糙粗放的做法，玉器均平滑光洁，恍若天成，尽显齐家玉器令人叹为观止的技术和极大的艺术魅力。

玉礼天下

- 齐家文化（距今约 4200—3600 年）
- 青铜时代

> 苍璧礼天、黄琮祭地。大家要知道玉礼器可是先民对原始祭祀的通灵之物哦，与中原的礼乐文化有着密切的联系。

齐家文化玉器是中国古代玉器文化的代表之一，是继红山文化玉器和良渚文化玉器之后，出现于黄河上游地区的一种重要的古代玉器文化，齐家文化地处中国西部地区，由于其特殊的地理位置，在史前玉文化研究中占有重要地位。

齐家文化时期是一个社会大变革时期，是从原始社会向阶级社会过渡的阶段，此时期的原始宗教已发展到较高阶段，是一个崇尚万物有灵的泛巫觋[xí]时代，巫觋创造出神并依靠神的力量统治社会。

作为巫觋"绝地天通"的凭据和信物，琢磨而成的各种玉礼器便成为充当这一使命的圣物，巫师用上好的玉器祭祀天、地、神灵及祖先，祭祀成为族群或聚落最神圣和严肃的事情。

齐家文化较良渚文化稍晚,齐家文化玉器与良渚文化玉器有许多共性,并接受了良渚玉文化的影响,而形成了以玉琮、玉璧为主体的玉文化。

良渚文化玉琮

齐家文化玉琮

《周礼·春官·大宗伯》记载：以苍璧礼天，以黄琮礼地。据此，璧与琮分别象征天与地，对此又作出解释："礼神者，必象其类。璧圆象天，琮八方象地。"

在远古时代，先民们根据直观感觉，看到穹隆状的天覆盖在方平的大地上，难免产生"天圆如张盖，地方如棋局"的错觉，"天圆地方"是中国古人最早对宇宙一种朴素的认识。

中国传统的祭祀观主张所祭必象其类,所以祭天的场所是圆形祭地的为方形,古人以圆璧礼天,以方琮礼地,这些制度显然都是类祭思想的反映。

这种类祭思想在距今 5500 年前的牛河梁红山文化祭祀遗存中得到了充分的体现。遗存主要由方丘与圆丘组成,圆丘与方丘两侧分别布置了墠[shàn]场,圆丘为祭天之坎,属阳而居东;方丘为祭地之坎,属阴而居西。

天圆地方在后期进化为形而上的哲学命题,古人云"圆则杌棿(wùnǐ)方为吝啬",是说天圆则产生运动变化,地方则收敛静止,动静之间,阴阳之别,这是"天圆地方"的本义。

这种哲学思想进而影响到中国人的价值观,比如我们看很多建筑也是奉承了这种思想而建,北京的天坛是圆形,圆丘的层数、台面的直径、四周的栏板,都是单数即阳数,以象征天为阳。地坛是方形,四面台阶各八级,都是偶数即阴数,以象征地为阴。

天坛

地坛

而我们常见的古代钱币也正是外圆内方,魏晋时期鲁褒在《钱神论》一文中曾经这样形容道:"钱之为体,有乾坤之象,内则其方,外则其圆。"圆形方孔钱是中庸圆滑与正气品德对立的统一体,世事洞明皆学问,人情练达即文章。

玉琮在礼玉中堪称重器是一种内圆外方的粗管状玉器,在古玉器中琮是形制较为奇特、内涵十分神秘的一类。

玉琮
青海省博物馆藏

齐家文化玉琮数量不多,但很有特色,依据玉琮的形制可分为:扁体、矮体、高体、不规则、微型玉琮等五种。

渭水峪扁体玉琮

齐家坪微型不规则玉琮

师赵村矮体玉琮

后柳沟村高体玉琮

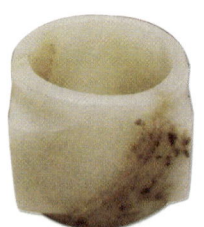
临夏微型矮体玉琮

齐家文化玉琮大都素面无纹,已不含良渚文化玉琮上神秘纹饰所蕴含的宗教含义。琮在古代玉文化中是衰失较早的一种器型,在玉琮由产生到消亡的演变过程中,齐家文化玉琮是承上启下的关键环节。

玉琮
青海省民和县官亭镇喇家遗址出土
高 4.4 厘米 边长 4.5 厘米
青海省民和回族土族自治县博物馆藏

璧,古代的一种玉器,扁平,圆形,中间有小孔。

玉璧是齐家文化玉器中是数量最多、最有特色的一种器形,基本为素面,分玉质和石质,在整个齐家文化分布区内部都有发现。

玉璧
青海省民和县官亭镇喇家遗址出土
青海省文物考古研究所藏

齐家文化遗址中出土的玉璧，因其数量众多、制作简约、风格简朴、使用频繁，成为新石器时期玉器大家庭中的佼佼者。

玉璧
青海省民和县官亭镇喇家遗址出土
青海省文物考古研究所藏

玉璧
青海省民和县新民出土
青海省民和县博物馆藏

依据壁的形制可分为圆形、圆角方形和不规则形等，还有一种是通过璜形玉片的系孔形成玉壁。喇家遗址墓葬及地层中出土了玉三璜联璧 3 件。

玉三璜联璧
青海省民和县官亭镇喇家遗址出土
直径 7.3 厘米，孔径 3.4 厘米，厚 0.36 厘米，
青海省文物考古研究所藏

琮、璧的造型都是中空的，这样制作的用意可能是用中空来象征一条通向天界接近天神的通道，巫师通过天地柱沟通天地。

璧是最具神秘色彩、最为古人所看重的器物，有的学者认为 玉含天地之精气。最初人们把玉璧作为供奉神灵祖先鬼神的一种食品，即鬼神食玉之说。

先秦古墓中随葬有大量被打碎或被火烧过的玉璧，只能用死者的食品来解释。齐家文化墓葬中发现有玉璧叠放的情景，玉璧一层比一层小，堆成塔状。新石器墓葬中也有玉璧和猪下颌骨一起出土的现象。

《周礼·春官·典瑞》中又说玉器还可用来敛尸:"圭在左,璋在首,琥在右,璜在足,璧在背,琮在腹。"

古人相信玉可以防止尸体腐烂,《抱朴子》中说:"金玉在九窍,则死人为之不朽。"

商周时代，璧已成为祭祀和朝聘的礼器。此时玉璧已被赋予最崇高，最神圣的含义，《周礼》将璧列为六瑞之首。

史前玉璧大多光素无纹，春秋以后，玉璧上的纹饰逐渐增多，而且越来越华美，有些玉璧上雕龙附凤，极尽美工，反映了当时社会对璧的无限尊崇。

汉代以后，玉璧的礼器功能丧失殆尽，成为纯粹的工艺品，虽然华美，却已失去了往日的生命力，和早期玉璧具有沟通天地、礼拜四方、寄托美好愿望、祭祀祖先和鬼神等巨大精神力量充满神秘色彩的情形相比，已不可同日而语了。

美石为玉

◎ 齐家文化（距今约 4200—3600 年）
◉ 青铜时代

> 齐家文化中出现了一些具有礼仪性质的玉器，并呈现了"重璧轻琮"的地域特色。

自 19 世纪 70 年代以来，在青海地区多处齐家文化遗址与墓地中，陆续出土了数百件玉器。据"三普"最新调查资料，经统计目前考古调查及发掘资料，有 13 处地点出土、采集或征集到齐家文化玉石器。

大通上孙家寨墓地 1 件	西宁沈那遗址 不详
乐都柳湾墓地 43 件	平安东村墓地 12 件
贵南尕马台墓地 189 件	同德宗日遗址 7 件
互助总寨墓地 9 件	大通长宁遗址 35 件
民和中川旱台遗址 4 件	互助金蝉口遗址 2 件
乐都白崖子遗址 2 件	民和喇家遗址 115 件
化隆拉卡遗址 1 件	

上述地点出土玉器的种类有 25 种之多，按功能可分为礼器、工具、装饰品及其他四大类。

玉礼器

玉礼器有琮、璧、环、璜、钺、刀等,琮、璧咱们在前面已经讲过,这里讲讲其他类别的玉礼器。

环,圆形面中有孔的玉器。玉环在青海出土 7 件,形制基本规整,圆形、单面钻孔、光素无纹。

玉环
青海省同德宗日遗址出土
直径 8.6 厘米,孔径 5.1 厘米,厚 0.6 厘米。
整器切割得十分规整,通体磨光,素面无纹。
青海省博物馆藏

玉环
青海省民和县喇家遗址出土
青白玉,圆环形,籽大于肉,单面钻孔。
玉质温润,手工制作,琢磨精细。
青海省博物馆藏

玉环古时一般用作佩饰，因"环"与"还"同音，古人可能还把它作为一种信物，据说古代逐臣待命于境，赐环则还。

瑗 [yuán]，中国古代的一种玉器，大孔的璧。青海出土玉瑗2件，均出于喇家遗址，皆采用璧芯再加工而成，质地晶莹透亮，瑗内宽度不均匀，单面钻孔，素面。

玉瑗
青海省民和县官亭镇喇家遗址出土
直径6厘米，孔径3.7厘米
青海省民和回族土族自治县博物馆藏

　　玉瑗是一种地位高者召见地位低者的信物，古时凡天子召见诸侯，诸侯召见卿大夫的时候，都会命人拿着玉瑗，以为凭证，被召见者见到使者带来的玉瑗，便要立刻赶到召见者身旁听命。

玉璧、玉环、玉瑗、玉玦有什么区别？？？

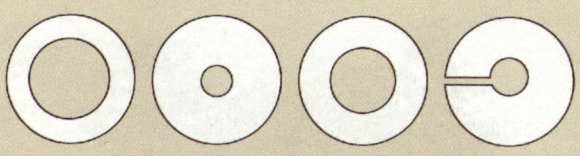

玉瑗　　玉璧　　玉环　　玉玦

从形状上区分

《尔雅·释器》有以下解释："肉，边也，好，孔也，肉倍好谓之璧，好倍肉谓之瑗，肉好若一谓之环。"

意思是：

玉璧：中心孔径小于边宽的圆玉；

玉瑗：中心孔径大于边宽的圆玉；

玉环：中心孔径等于边宽的圆玉；

玉玦：周边有一个缺口的圆玉。

从用途和含义上区分

《荀子大略》记载有："问士以璧，召人以瑗，绝人以玦，反绝以环。"

璜 [huáng]，古代一种玉器，半圆形。青海出土玉三璜联璧 3 件，均出于喇家遗址墓葬及地层中。

玉璜
青海省民和县官亭镇喇家遗址出土
残长 6.6 厘米，宽 2.6 厘米，厚 0.31 厘米，孔径 0.11-0.31 厘米
青海省文物考古研究所藏

玉三璜联璧
青海省民和县官亭镇喇家遗址出土
直径 7.3 厘米，孔径 3.4 厘米，厚 0.36 厘米
青海省文物考古研究所藏

玉璜与玉琮、玉璧、玉圭、玉璋、玉琥等都是"六器礼天地四方"的玉礼器,每当进行宗教礼仪活动时,巫师就戴上它,它经常与玉管、玉串组合成一串精美的挂饰,显示出巫师神秘的身份。

钺 [yuè]，古代兵器，形状像板斧而较大。青海出土玉钺 6 件，器体近长条形，两侧平直，上下两端的宽度基本相等，柄端单面钻单孔。

玉钺
青海省民和县官亭镇喇家遗址出土
长 14.1 厘米，宽 4.6 厘米，厚 1.1 厘米
青海省博物馆藏

玉钺
青海省民和县官亭镇喇家遗址出土
长 15.8 厘米，宽 4.8 厘米，厚 1 厘米，孔径 0.6—0.8 厘米
青海省博物馆藏

玉钺是对短兵相接时近身搏杀武器石钺的玉礼化，被认为是"以玉为兵"军事指挥权的象征。经过长期演变的玉钺遂与新贵的玉琮、玉璧一起成为最重要的玉礼器。

玉刀，不具有实用性，应归入祭祀用礼器。青海出土玉刀6件。

单孔玉刀
青海省同德宗日遗址出土
灰色，长28.5厘米，宽5.5—4.6厘米，厚0.5厘米，孔径1厘米，青海省博物馆藏

双孔玉刀
青海省同德宗日遗址出土
蛇纹石质，呈扁平梯形。器身一端穿有双孔，孔由一面钻成。刃部略成弧形，单面磨制。造型规整，琢磨精细。
青海省博物馆藏

三孔玉刀
青海省同德宗日遗址出土
蛇纹石质，器形略近梯形，背部一角残，近背处穿有三孔，单面钻成。单开刃。
青海省博物馆藏

四孔玉刀
青海省大通县上孙家寨墓地出土
蛇纹石质，长方器形，两面磨出刃部，近刀背处等距钻有四个圆孔，用于系挂。器型大而规整，玉质细润，磨制精细。
青海省博物馆藏

玉刀是由石刀发展而来的，早在新石器时代已有发现。在上古玉器中，玉刀是比较特殊的一种器类，推测为代表权威和地位的玉仪仗器。

工具类

工具类包括有斧、锛、凿、纺轮,这类器物在居址和墓葬中均有出土,是齐家文化工具类玉器中比较常见的几种玉器,有的残断破损或有使用痕迹。

斧,用于砍、砸、伐木的工具。

玉斧
青海省民和县官亭镇喇家遗址出土
青海省文物考古研究所藏

凿，挖槽或打孔用的工具。

玉凿
青海省同德宗日遗址出土
呈长条形。柄部钻孔，下端两面磨出平刃，较为锋利。两面纵向被琢磨成柔美的凹面，横剖面呈弧形。形制规整美观，表面经抛光，显得光洁细润。
青海省博物馆藏

锛 [bēn]，木工用的一种平木器、削平木料的平斧头。

玉锛
青海省民和县官亭镇喇家遗址出土
青海省文物考古研究所藏

装饰品

装饰品包括有玉条形器、玉管饰、绿松石饰,其中绿松石饰是比较常用的装饰品之一,在齐家文化遗址中屡有发现。

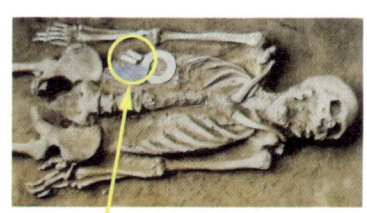

喇叭形玉管
青海省民和县官亭镇喇家遗址出土
长 5.14 厘米,大端直径 2.6 厘米,孔径 1.04 厘米
小端直径 1.6 厘米,孔径 0.4 厘米

松石管饰　　　天河石管饰

松石管饰　　　松石管饰

玉饰品
青海省民和县官亭镇喇家遗址出土
青海省文物考古研究所藏

佩饰品代表着一个族群精神生活的需求，佩饰品的品种繁多，说明齐家文化是一个精神生活丰富，对审美需求旺盛的族群。

黄河上游齐家文化玉器为史前西北玉器的典型代表，齐家文化玉器为研究史前玉文化的发展演变提供了重要的实物材料，在史前玉文化中占有十分重要的地位，向人们展示了中华文明起始阶段的重要信息与玉之魅力。

玉礼器在青海境内首先是在其东部黄河上游地区涌现，除了是文化传播、交流融合所致外，也是所有制基础上的等级制的产物，是原始氏族社会走向瓦解、氏族贵族阶层出现、社会等级逐渐分化、阶级社会出现的重要标志之一，表明青海地区齐家先民已迎来了文明的曙光。

最美陶器

◎齐家文化（距今约 4200—3600 年）
◉青铜时代

> 此时的制陶技术已是相当的成熟，造型的独特、质地的细腻光净、表面的光滑都表现出它的高超技艺。

其陶器高超的制作技术，多样的造型设计精美的图案纹饰，为我们保留了数千年前古人丰富的文化遗产。

青海省民和县官亭镇喇家遗址 F3 墓葬

齐家文化时期，陶器的制作过程已经具备了选土、淘洗、制坯、修整、装饰和烧造的完整工序。

陶土在制作成陶器之前大部分要经过淘洗，使陶土颗粒均匀，陶土的淘洗程度对烧制的陶器有着很大的影响。

泥条盘筑是其主要的制作方法，陶器内表面可以看到泥条层层叠起的遗痕。有些陶器上可以看到清晰的布纹印痕，这成了制作者留下的一个个千年的印迹。

先民们发明了较先进的慢轮修整法和快轮修整法，以起到定型和修整的作用。

制作陶壶时，分为上、下两个部分。
然后把它们粘接成一体，入窑进行烧制。

粗陶双耳罐　　　粗陶单耳罐

青海省贵南尕马台遗址与墓地出土

器物表面和内有使用陶拍进行打压定型的特点，壁对器壁进行抹平或刮削，一方面可以增加器壁密度，另一方面通过拍打或按压，可以在器表制造出精致的花纹。

单耳罐
青海省大通县长宁遗址出土

陶器定型之后和烧制之前，要对素面陶器进行一定程度的打磨或涂抹泥浆做成红色、橙色或白色的陶衣，这也是齐家文化陶器制作中常见的一种美化方法。

陶器所呈现的颜色一方面是由于制陶原料中含有呈色元素，另一方面是烧成火焰性质能够使陶器出现某种颜色。此时先民已经掌握了氧化焰和还原焰的烧窑方法，赋予陶器特定的颜色。

空气进入窑室,氧化程度强,形成了红陶,窑顶渗水法使窑内陶器经还原由红陶又变为灰陶;黑陶的烧制应归功于烟熏渗炭的功效;白陶是由白色的陶土或含铁低的陶土烧制而成的。

红陶双大耳罐 红陶蓝纹盆
青海省民和县官亭镇喇家遗址出土
青海省文物考古研究所藏

灰陶蓝纹敛口罐 带盖敛口罐
青海省民和县官亭镇喇家遗址出土
青海省文物考古研究所藏

黑陶蓝纹无耳粗陶罐
青海省民和县官亭镇喇家遗址出土
青海省文物考古研究所藏

齐家文化陶器可分泥质与夹砂两种,夹于砂陶由于掺合砂粒能起到增加耐热程度的作用,一般用于蒸煮,外表面经常会发现有烟熏的痕迹,泥质陶器则一般用盛放或饮食之用。

粗陶罐
青海省化隆纳卡遗址出土

齐家文化陶器类型多种多样,按其功能来说,可大体分为生活用具和生产工具两大类,其中生活用具数量居多。饮食用具的有罐、碗、盆、钵 [bō]、盉 [hé] 等以上器型以平底器为主。

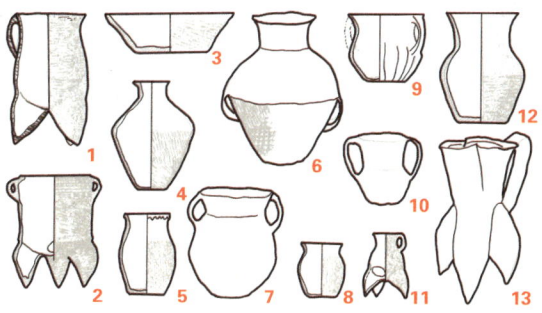

1.I 式鬲 [li] 2. 斝 [jiǎ] 3.I 式碗 4. 短颈折肩罐 5. 罐 6. 罐 7. 双耳罐 8. 圆腹罐 9. 三耳罐 10. 双耳罐 11. 鬲 [1] 12. 罐 13. 鬶 [guī]

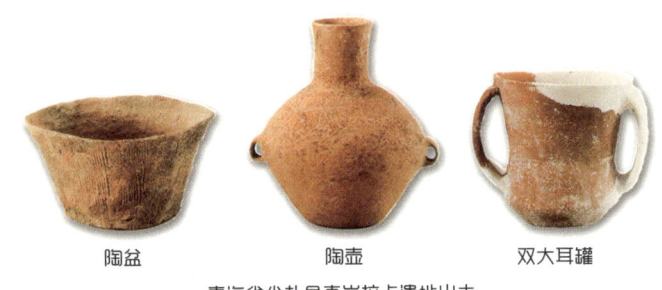

| 陶盆 | 陶壶 | 双大耳罐 |

青海省尖扎县直岗拉卡遗址出土

袋足器则多见于鬲[li]、甗[yǎn]、斝[jiǎ]、盉等，常用于蒸煮或容器，增加了器物的受热面积而且具有良好的稳定性。

另外，器盖也是齐家文化中常见的陶器类型，可以说明齐家文化时期，人们对饮食卫生也是相当讲究的。

红陶器盖
青海省化隆县纳卡遗址出土

红陶器盖
青海省民和县官亭镇喇家遗址出土
青海省文物考古研究所藏

齐家陶器典型器物有高领双耳罐、侈口罐、双大耳罐等，其中最有特点的是双大耳罐，其造型别致、数量多，制作工艺也较为精致，被学者作为齐家文化分期研究的标型器之一。

双大耳罐
青海省贵南县尕马台遗址与墓地出土

双大耳罐
青海省大通县长宁遗址出土

这类陶器最早在齐家坪遗址中发现,被安特生命名为"安弗拉式双耳罐",安弗拉罐是典型的希腊罐子,十几种罐子样式中它的流行程度排在第一,是用来盛酒的。

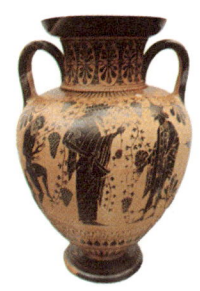

双大耳罐
青海省乐都柳湾遗址出土

双大耳罐从口沿处延伸至器物颈部以下的腹部长度,大多超过器物整体高度的三分之一,个别大耳的长度可占器物整体高度的三分之二。

双大耳罐作为齐家文化的典型器物,有学者从年代早、地域接近的考古学文化进行了对比,这认为三种文化遗存与齐家文化之间均有一定的联系,但也不能排除受到其他文化影响的可能性。

根据口沿、颈腹等特征可将双大耳罐分为四个类型,折腹双大耳罐出现较早,圆鼓腹略晚,整体器型有从矮胖向瘦长发展的趋势。

齐家文化的陶器以黄色为主,大量陶器是素面的,有些罐类和三足器拍印篮纹和绳纹,少量彩陶绘以菱形、网格、三角、水波和蝶形花纹,线条简化而流畅。

图案较规整、生动,多装饰在陶器的口、颈、肩、上腹部等处,具有自然洒脱、和谐对称的艺术风格和内在的意蕴美。

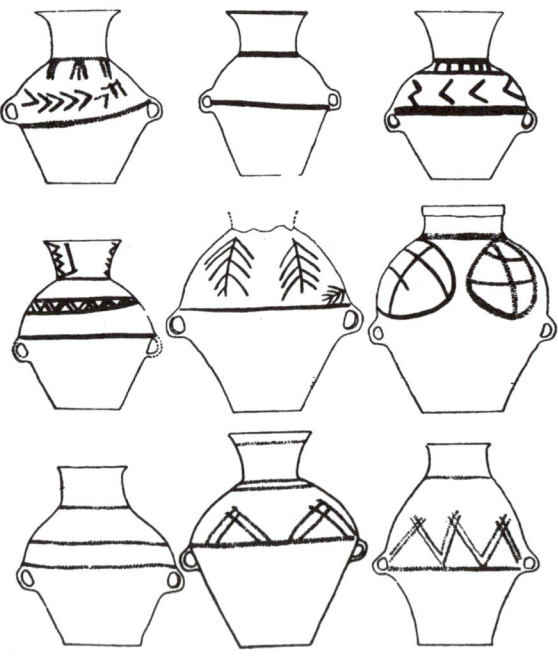

齐家文化彩陶壶纹饰线图

双大耳彩陶罐
青海省乐都柳湾遗址出土

齐家文化的陶工还善于制作各种动物造型的陶器,如鸮面罐、狗面罐等,形体生动形象,还具有过滤等实用价值。

鸮 [xiāo] 面罐
青海省乐都柳湾遗址出土

齐家文化绚丽多姿的陶器，不仅向我们展示了 4000 年前先民多样的生活用具，也为我们呈现了这一时期人们的饮食习惯和经济发展信息以及齐家文化的深厚魅力和西北地区悠久的历史。

世界第一碗

◎ 齐家文化（距今约 4200—3600 年）
📍 喇家遗址

> 世界上最早的面条实物是喇家遗址发现的"第一碗面条"，颠覆了我们从汉代吃面条的传统认识。比西方对面条的记载早了 1900 多年。其中互助金蝉口遗址出土的少量小麦，是青海地区最早的小麦遗存。大通长宁遗址发现的大麦是我国年代最早的大麦遗存。

荤素搭配，健康美味。

吃、穿、住、行是人们生活上的基本需要，食物是人类赖以生存的物质基础，烹饪的发明使人类有别于自然界其他生物，而社会变革的历史也从此展开。

那么青海先民过去都吃些什么呢？你不会认为他们只是在茹毛饮血吧，今天咱们从五谷食谱了解青海先民的文明进程，故事就从世界上第一碗面条说起。

喇家面条穿越 4000 年时光与现代人见面时的模样

喇家遗址位于海东市民和回族土族自治县官亭镇喇家村，地处黄河上游河谷的二级阶地上，是一处具有中心聚落性质的齐家文化遗址。

喇家遗址位于黄河北岸二级阶地上　　喇家遗址F20房址发掘现场

2002年冬，考古专家在喇家遗址进行发掘整理时在F20房址内东北部地面发现有一个倒扣的陶碗，就在考古学家揭开陶碗一瞬间，他们意外又惊奇地看到了一块面条状的形态痕迹！

碗内沉积物在地面形成一个碗形圆台,粗细均匀,直径不足0.5厘米,长度约50厘米。考古专家立即进行了照片拍摄,但它实际上很快就风化了。

被泥沙填充且倒扣的陶碗为喇家面条提供了良好的保存环境

随后标本被带到北京,经各学科专家仔细分析鉴定,得出结果是小米面条,这是目前所知世界最早的面条实物。

2005年介绍该项研究成果的文章,《中国新石器时代晚期的小米面条》,在世界顶级学术刊物——英国《自然》杂志发表,随后很快被美国《国家地理》、美国国家广播电台,英国广播公司、路透社、日本时事通讯社以及德国、加拿大、荷兰等国的媒体报道,在学术界引起了极大反响。

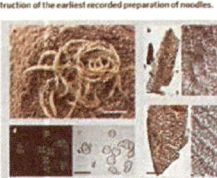

发表在英国《自然》杂志上的有关喇家面条的文章

关于面条的起源国，前些年在世界上争论不断，意大利人说是他们发明的，阿拉伯人说是他们发明的，直到我国青海这碗面的现身，关于面条发明权的争论才算告终。

经鉴定，面条中大量成分是粟[sù]并混有少量的黍[shǔ]，样品中还分析出大量油脂和维生素成分，这还是一碗热气腾腾的肉汤面。

成分虽然分析出来了,但是很多人包括一些专家学者还存在这样的疑问:小米的黏性差,能做出一碗小米面条吗?

有学者在模拟试验吸取民间捶砸、烫面增加黏性的知识基础上,利用饸饹面制作工具,成功制作出了小米面条。

(a) 木制饸饹床 (b) 小米饸饹面条加工 (c) 小米饸饹

这碗4000年前的面条保存和发现的几率都几乎为零,能保存下来极为偶然,得益于地震瞬间灾难和大洪水覆盖的特殊环境。考古发掘出土的这碗世界上最早的面条实物证据,可以理直气壮地支持青海吃货们振振有词:青海拉面,历史悠久,肉汁四溢,口感饱满。

截至2020年10月底,海东市拉面产业实现经营收入131亿元,利润46亿元……

青海拉面

现代人的主食主要是稻和小麦两种,黍与粟在中国原始社会时期和古代却是主粮,直接参与了中国的文明进程。

黍和粟的果实看起来很像那么它们到底有什么区别呢?

黍
黄米,比小米略大,颜色偏淡

粟
小米,比黄米略小,颜色偏金黄

黍与粟实际上是两种不同的农作物，它们不是一个属，从株形上看其实有很大的区别。

黍又称稷、糜子，在中国种植大约有一万年左右的时间，古代社会以农业为国家基础，所以社稷代指江山。

粟的果实就叫小米，粟的种植约有 7000—8000 年，在黄河流域广泛种植，所有现代农作物都有一个野生祖本，粟便是从狗尾草驯化而来的。

粟植株　　　　　　　狗尾草植株

长宁遗址位于西宁市大通县长宁乡长宁村,是一处以齐家文化为主的大型聚落遗址。

考古研究对遗址采用了浮选法,从文化堆积中获取了数量丰富的植物种子,总计高达 15 万粒,混合在土壤中的炭化种子又是怎么被分离出来呢?考古学家发明的浮选法解决了这个问题。

在遗址中首次发现了我国年代最早的大麦遗存，其次在西北地区首次发现了大麻籽。

我们知道植物种子都是有机质，极易分解，那么它们是如何保存上千年的呢？

粟标本
青海省乐都县柳湾遗址出土 M339 中 4 件粗陶瓮中满盛粟粒

这是因为先民在使用火的过程中对种子进行了烧烤,从而使植物种子炭化,从有机质变成无机质。炭的化学性质非常稳定,埋藏在遗址的土壤中几万年都没有问题。

青稞标本
青海省互助县丰台遗址出土,每粒青稞直径约2毫米

这些青稞已经炭化,分选颗粒清楚。青稞由羌人培育,是青藏高原特有的农作物,早在3000年前就普遍种植。现在牧区群众主食的糌粑就是用炒熟的青稞磨成粉后做成的。

金蝉口遗址位于青海省互助县加定镇加塘村,地处黄河二级支流大通河南岸,2012年青海省文物考古研究所对该遗址进行了发掘。

在该遗址的发掘过程中对采集的土样进行了浮选,共鉴定出22个植物种属的炭化种子11243粒,农作物遗存中粟、黍炭化种子占绝大多数,在金蝉口遗址灰坑内发现大麦和小麦并存。

从已发表的资料看，小麦起源于西亚，距今约一万年。，金蝉口遗址的大麦和小麦很可能是由河西走廊，经扁都口、大通河传入湟水和黄河上游谷地的。

约3600年前，由于气候变冷，部分粟黍种植者从低海拔地区迁移至高海拔地区，驯化了一种对寒冷和贫瘠适应性更强的大麦——青稞。

青稞磨粉炒熟做成糌粑充饥御寒，热量高营养价值比稻米、玉米和一般小麦还要高。

人类将野生杂草培育成五谷杂粮，不能不说是人类史上的一个壮举，通过古代农作物遗存来探讨复原古代人类生活方式是植物考古学一个重大贡献，为我们呈现了这一时期人们的饮食习惯和经济发展信息，展现了青海史前悠久的历史文明。

户型大全

◎齐家文化（距今约 4200—3600 年）
⊙喇家遗址

> 这一时期的人们的居住户型多式多样，屋内墙壁的白灰面装饰也很有讲究，是齐家文化居民改善居住环境的一项重要技术。

青海境内在民和、乐都、西宁、平安、同仁、湟中、刚察、大通、互助、贵南、循化、尖扎、贵德、同德、共和、兴海等十几个市县共发现 505 处齐家文化遗存。在这些遗址中，有 18 处发现有居住遗址。

> 我掐指一算，此地适合农耕生活。

居址多位于青海省东部湟水及其支流的二级阶地上，也有部分位于黄河的二级阶地上，人们选择这些地点方便生活，利于农耕。

从居址面积来看，单个居址面积比较均衡，多在 7—15 平方米，可容纳 4—5 人。

按照形制的不同，可将青海地区史前居址分为半地穴式、窑洞式、地面式和干栏式四种，其中以半地穴式居址为主。

半地穴式居址示意图

一、半地穴式

这一类居址分布范围较广,数量较多,建筑方法为从地面向下挖一深穴,再沿穴边及居室中部栽埋木柱,作为屋顶的支撑,最后铺盖屋顶。

由于居址多分布在黄河、湟水流域,室内有通风不畅、日照不足、近地返潮等问题,因此对居室进行防潮处理非常重要,防潮处理主要有涂抹白灰和土地硬化两种方式。

柳湾遗址 F1 为硬土面半地穴式居址

对居址地面或墙壁涂抹白灰的方式,在半地穴式、窑洞式和地面式居址中均有出现,先在地面或穴壁刚挖好未干时抹上一层草拌泥,使其与生土面粘结牢固,再在其上涂抹一层石灰浆。通常地面涂抹较厚,墙面较薄。

白灰居住面在青海地区齐家文化居址中最具特色。陶家寨遗址 F1 四周，有残高约 0.03—0.05 米的白灰面墙壁。

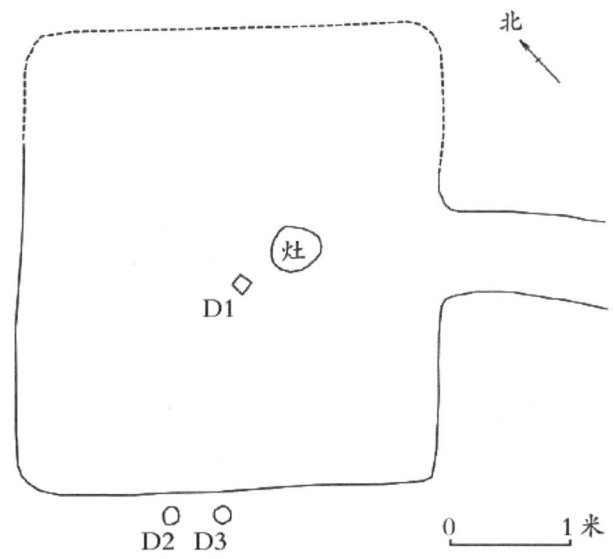

陶家寨遗址 F1 居址平面图
F1 平面近圆角方形，长约 4 米，宽 3.5 米，面积约 14 平方米，适宜 2—3 人居住。白灰居住面被破坏，个别地方有灰烬痕迹。

互助金蝉口遗址发现的 5 座半地穴式居址中，已知 F1 和 F3 的居住面为硬土面。

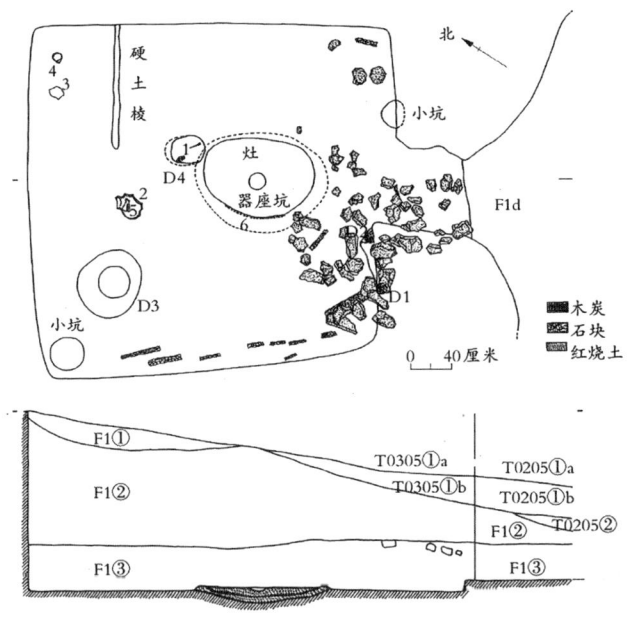

互助金蝉口遗址 F1 平、剖面图
柳湾遗址 F2 呈长方形，门向东南，呈斜坡状，柱洞分布于居址外围，西侧柱洞保存较为完整，中央设有椭圆形地面式灶

二、窑洞式居址

窑洞式建筑主要发现于民和喇家遗址,以横穴式为主,由居室、门道、门前场地构成。

窑洞式居址剖面示意图

喇家遗址窑洞式建筑位于黄河二级阶地上，多利用自然沟道边沿、断崖或缓坡丘陵掏挖而成。

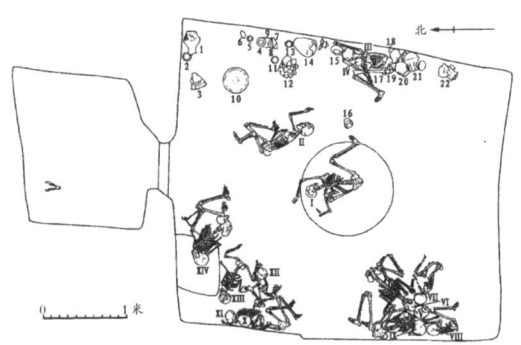

喇家遗址 F4 平面图

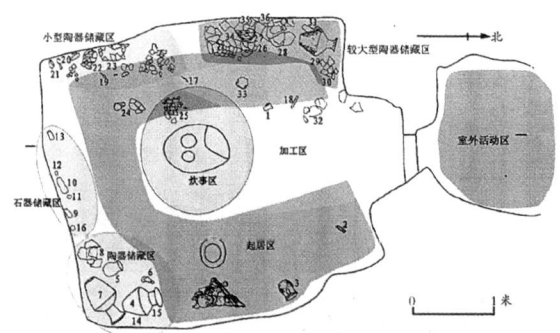

喇家遗址 F3 平面图

喇家遗址 F3 居室建在黄土层中，居住面及穴壁均用白灰加工。居住面呈斜坡状，北高南低，因使用时间较长，地面凹凸不平，穴壁的白灰面多已脱落，仅存局部。

三、地面式居址

这一类居址较少,以单间为主,多由居室、门道组成,平面形态有长方形、正方形和圆形。

化隆那卡遗址 F1(自东向西)
化隆那卡遗址发现 3 座居址平地起墙的地面式居址,其中 F1 最为完整。墙外围一周有 36 个柱洞,房内四角各有 1 个柱洞,墙面及地面皆用白灰抹光。

化隆那卡遗址复原示意图

大通长宁遗址出土的 15 座房址中,发现有地面式居址仅公布一座,F11 采用了开挖基槽和建造木骨墙体的建筑技术,是青海地区的首次发现。

四、干栏式建筑和祭台

在民和喇家遗址发掘中发现 F20 和 F21 两座地面建筑遗迹,初步分析认定 F21 是干栏式建筑。

喇家遗址 F21 干栏式建筑(北—南)

F21 是三排个柱洞仅约 3 米见方的地面建筑,地面没有明显硬面和活动痕迹,也没有什么遗物。推测是一个结构比较简单的干栏式高台建筑。有建筑史学者认为它很可能就是"社"或"明堂。

在喇家遗址小广场北边还发现一个土台祭坛,土台顶部约 5—6 米见方,顶部以下缓坡延伸约 20 余米左右。

土台顶部的是一座规格比较高的墓葬 M17,这种特殊形式的高规格墓葬也颇为罕见,清理出来的墓口呈"回"字形双重开口。

M17 墓口及土台顶部红土堆积

该墓规模不算大，但是形制特殊，随葬大量玉器，规格较高，墓主可能是氏族或部落中有特殊身份的人物，也可能为巫师之类的神职人员。

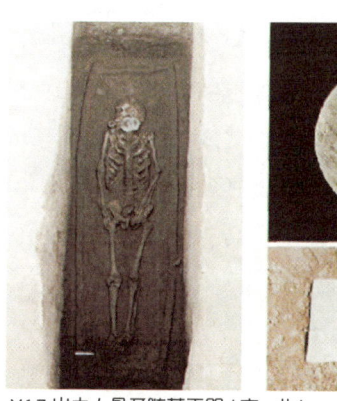
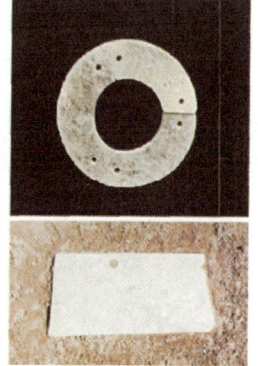

M17出土人骨及随葬玉器（南-北）

祭坛和干栏式建筑都是广场的重要组成部分，相互具有密切的关系干栏式建筑是在北方首次被明确发现和认定，祭坛在齐家文化也是首次发现。

一般居址内包含一些日常生活所需的设施,如灶、壁炉、储藏设施等,这些设施及周边区域自成功能分区,有些居址还在地面设置土棱来实现室内分区。

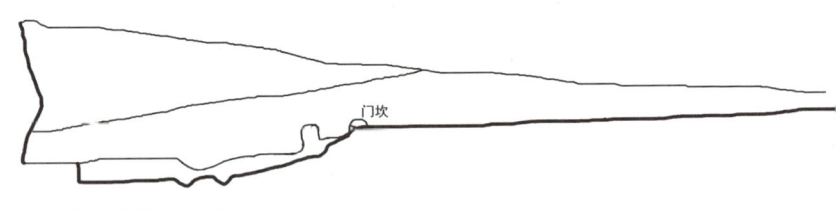

金蝉口遗址F3剖面图

青海地区齐家文化的灶址可分为室内灶和室外灶,室内灶占绝大多数,多位于居址中部。灶址形态较为稳定,以椭圆形、圆形为主,可分为地面式和坑穴式两种。

使用坑穴式灶炉示意图

在喇家遗址和金蝉口遗址的居址中还发现了一种附加的次要炉灶——壁炉。在喇家遗址的F12房址内,发现了迄今西北地区最大、保存最完整的壁炉。

壁炉以石板相隔，共分为上下两层，下面用以烧火，上部用于烘烤食物。在墙壁上有用石板做成的烟道，在房址内壁炉前方位置不远处有一石墩，可能是人们用来坐下烧柴火的。

使用壁炉烧烤食物示意图

这样结构清楚的烤炉形式颇为罕见，说明在 3500 多年前人们就开烘烤面食、肉类等。人们已经告别了茹毛饮血的生活方式，走上健康饮食之道。

喇家壁炉遗迹

在简单社会里,人们的生活方式很大程度上是由所处的环境决定的,尤其是气候直接影响着人们对房屋营建的要求。

齐家文化中期,青海地区水热条件较好,适宜发展农业,居址平面多呈适于定居的长方形、方形等形状。由于气候湿润,人们对建筑的防潮性要求也较高,所以在这期间地面式、窑洞式建筑较多,房屋营建也较为考究,尤其是白灰面不易开裂,打磨后略有光泽,不但可以防止泥土墙壁出现裂隙,达到防潮效果,还可以使墙壁平整美观。

大河之殇

◎ 齐家文化（距今约 4200—3600 年）
◉ 喇家遗址

> "山地裂、家园废、水逆行、祀遁于喇家"，一场地震引发的连续灾难让当时的文明在那一刻戛然而止。这一具具遗骸为我们展现灾难来临瞬间的悲壮及人性之美，一件件器物为我们揭开当时的神秘面纱。

喇家遗址位于海东市民和回族土族自治县官亭镇下喇家村，地处黄河上游的民和县官亭盆地中部，坐落于黄河北岸二级阶地前端。

喇家遗址位置图

2000年，一支考古队进入喇家村进行正式发掘，据初步钻探调查获知，遗址东西长500米，南北宽400米，发掘面积9000平方米

喇家遗址属于多种新石器时代的史前文化，其中最主要的就是齐家文化，喇家遗址齐家文化出土遗物极为丰富。

出土齐家文化陶器

出土齐家文化卜骨与骨器

出土齐家文化玉、石器

发掘中喇家遗址最先令考古学家困惑的是，几座房址中都充填着红土层并将人骨包裹起来，且室内有大量非正常姿式死亡的人骨，给人一种强烈的灾难感。

随后邀请相关古环境专家对遗址进行了地学考察，在堆积中发现了黄河大洪水的遗迹和沉积物。这显示出4000年前，这里曾经发生过重大水灾。

洪积层断裂现象

后期发掘中，在喇家遗址及其附近普遍发现有地裂缝、坍塌、沙管和折皱起伏等古地震遗迹，根据古地震遗迹的规模及这处古聚落遭破坏的程度推断，地震震级在7级以上，烈度为9度。

古地震遗迹主要表现为古砂土液化,古液化造成的喷砂与文化层处于同一层位,均被洪水堆积物覆盖。

F27门前场地喷沙现象

喷沙现象的形成是指地震时地下饱水砂层液化,砂水混合物沿着地裂缝上升,在地层中形成砂脉,喷出地表的形成喷沙。

　　在发掘区揭露出很多遗迹单元被喷砂掩埋,洪水形成的黏土层覆盖了古地震形成的喷砂层,地层关系表明,遗址先遭到地震灾难性打击,后有洪水毁灭性冲击,几乎是同时发生……

灾难是惨烈的，它彻底毁灭了昔日繁荣美丽的喇家古村落……

那么洪水又来自哪里呢？

山洪说

通过沉积学、地球化学分析，发现遗址红黏土与北部山脚下沟谷沉积物同源，认为遗址红黏土来源于北侧大红山的山洪泥流。

泥石流说

认为遗址红黏土属于典型的泥流沉积物，系地震诱发的滑坡、坍塌、山体疏松物质，被洪水沿沟谷携带至黄河二级阶地，造成毁灭。

堰塞湖说

认为古地震引发官亭盆地上游 25 公里处积石峡山体滑坡崩塌，在黄河上游形成了巨大的堰塞湖，公元前 1900 年左右在强地震的作用下，堰塞湖部分溃决，异常大的洪水将喇家村落毁灭。

先秦典籍中普遍记录有中国文明起源时发生灾害性大洪水的传说，颇为巧合的是，积石峡还有古代的禹王庙建筑，"大禹治水"的那场上古大洪水也许真的存在。

通过对喇家遗址中不幸死于地震的儿童骸骨进行碳14断代检测，这场大洪水的时间发生在公元前1922年±28年，和传说中大禹治水时间基本吻合，与传说可能存在着密切的关系。

喇家遗址的史前灾难遗迹在中国尚属首次发现,这种灾难遗迹在国外也很少见于报道,是震惊世界的重大考古发现,被誉为"东方的庞贝古城"。喇家遗址比庞贝古城早了近2000年。

庞贝古城和喇家遗址都瞬间定格的历史让我们能够翻开几千年的时光,看到他们当时遭遇的悲剧和鲜活的生活状态,千年之殇虚无念,万古长夜入襟怀。

喇家遗址 2001 年被国务院公布为第五批全国重点文物保护单位之一,也是 2001 年我国十大考古发现之一。

第二批国家考古遗址公园立项名单中,青海喇家遗址名列其中,喇家遗址成为青海省首个获批立项的考古遗址公园。2018 中国黄河旅游大会上,喇家国家考古遗址公园被评为"中国黄河 50 景"。

喇家遗址的史前灾难遗迹，是一幕封存了 4000 多年的人类悲剧，也是历史发展的精确定格，对于探讨西北地区古代文化变迁具有重要意义。

止步遗址前，3000 平方米的远古遗迹，探掘出的是一片灾难的废墟。状之惨，情之动，使人心颤不已。

它有世界末日般的压抑气氛，但更多的是透射出无比高尚的真情和爱心，在下章中我们将讲述灾难来临之时，人们护佑幼小、相互帮助的情景，展现了真正的大爱。

人间大爱

◎ 齐家文化（距今约 4200—3600 年）
◉ 喇家遗址

喇家遗址展现了超越血缘关系的大爱和人性光辉。

在公元前 2000 年左右，最后一批猛犸象灭绝，古埃及修建了卡尔纳克神庙，爱琴海地区迈锡尼文明开始出现，偃师二里头遗址"最早的中国"已出现雏形……

在青海省境内黄河上游的喇家村落，几千年前人口密集，物阜民丰，壕沟、黄河磬王、广场、祭台、大玉刀等高等级配置，让喇家村落彰显出一个古国城堡的气质。

壕沟是史前聚落重要的防御工事，功能类似后世的城墙建筑，拥有壕沟的史前遗址并不多见。

喇家遗址从一开始发掘时就发现了宽大的壕沟遗存，从解剖部分来看，宽约 17.25 米，深 3.5—3.85 米。如此巨大完整的壕沟说明这里当年的聚落非同一般。

HG1 南侧壁面

考古专家在遗址征集到一块黄河石磬,这块石磬长 96 厘米、宽 61 厘米、厚 5 厘米。这是目前我国发现最大的一块磬,按照古代礼制的标准,这样大型的磬应称为"特磬"。

黄河石磬形式构成符合黄金律,有较强的美感。用木槌轻击石磬不同部位,乐音铿然,宏远深沉,让人肃然起敬。

聚落近中心是一个小广场,地面平整坚实、宽阔,广场上有奠基坑、杀祭坑和埋藏坑。

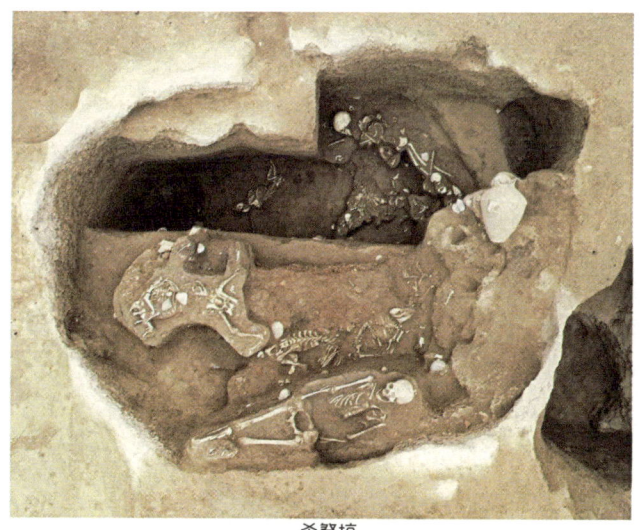

杀祭坑

祭台是史前非常重要的宗教祭祀建筑，在一些比较发达的史前文化当中才能见到它的存在。祭台揭示了喇家遗址的文明，和中原地区的社会文明程度发展相当。

2002 年，祭坛土台坡前出土了被折断一半的大玉刀。玉刀做工令人叹为观止，复原长度约 67 厘米的大玉刀只有 0.4 厘米厚，如此精湛的工艺放到今天也属上乘佳品。

它是目前已知正式考古发掘出土最大的玉刀，这件难得的重器是一件王者之器，它是特殊身份象征的仪仗礼器，凸显了喇家遗址和齐家文化的特殊重要性。

  从遗迹规模以及反映社会等级制度的文物来看,喇家村落是一个区域聚落中心,当时的文明已经达到了一个高度,且正处在高速有序的发展中。而这一切却因为突然的灾难戛然而止!

灾难顷刻降临，地动山摇，洪水咆哮，人们瞬间就被吞没在了无边的黑暗之中，与灾难一同被封存在了地下……

突如其来的地震、接踵而来的洪水，瞬间将喇家村落掩埋封存起来，等到4000多年之后，清理发掘工作才将人们在生命的最后一刻保留的最原始的状态呈现了出来。

在喇家遗址一号保护展示厅的四座房址中，23具遗骸姿态各异，显得非常紧张和恐惧，这是灾难来临刹那间人们的状态，屈肢侧卧，匍匐于地，上肢高举，跪坐在地，他们无声诉说着灾难的恐怖。

4号房址一位母亲跪坐在地上,身体紧紧地靠在墙边,她怀中抱着一个年幼的婴儿,母亲头垂下来用自己的脸颊、头部和胸部,将孩子紧紧护在自己的怀中。

更让人感动的是经过考古学家对古DNA的化验之后,发现她们之间并没有血缘关系。这位母亲怀中抱的并不是自己的孩子。但是这种真情永远停留在了这一刻,这一抱变成了千年。

在4号房址中共有14具人类的遗骸,经考古测定共有11具遗骸是平均年龄为11—12岁的孩童。灾难前的一刻,他们是正在嬉戏还是在上课?

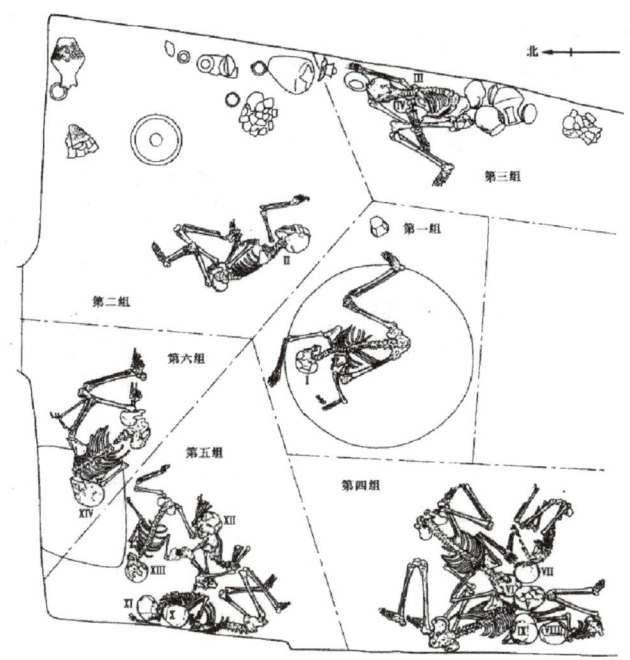

F4出土人骨编号及分组示意图

房址西南侧有五具遗骸，其中有一位年长者似乎在用双手护着 4 个孩子。5 具遗骸或坐，或依，或侧，头颅聚拢在一起。

斜倒在房址中间圆形火塘上面的男人左臂骨折，他身体向前倾斜，跨开两腿双手上举，似乎在坍塌之际想要支撑住窑洞的土顶。但是所有的努力都无济于事，最终还是被压埋在房址之下。

旁边的3号房址有位妇女跪坐在地,怀中紧紧抱着一个孩子,妇女的头高高扬起,她是在向上天祈祷灾难赶快停止还是由于其他什么原因?答案已经湮灭在了时间的黑暗中。

父爱在灾难面前同样伟大，在 23 号房址的地面上有一个同样让人震撼的场景，在发掘之初，发现有一成年人趴倒在地，继续住下清理的时候发现他身体下面还护着一个年幼的孩子。

地震来的太突然,窑洞垮塌的也太突然,大人第一时间就将孩子护在自己身体底下,孩子当时还正在喝水,一个双耳的小罐还衔在孩子的口中。

山崩地裂,山河轰鸣,泥石涌动,房倒屋塌,人们呐喊哭泣,恐慌挣扎,倒下爬起,爬起又倒下,最终烟消尘落,归于沉寂。

喇家遗址又被称为爱的遗址,这里见证了人之本能,闪烁着人性光辉,有无数后人为之动容,为之心颤,为之涕泪。

喇家遗址给我们再现了人类懵懂时代面对灾难的特殊瞬间,是一场关于灾难与人性的课堂,同时也是一场人与自然的课堂。灾难事件反映了极端的人地关系。山洪与洪水遗迹则进一步说明了由于森林与植被遭到较大程度的破坏,进而导致了较为严重的水土流失现象,人类也为此付出了相当惨重的代价。

"黄河宁，天下平。"从某种意义上讲，中华民族治理黄河的历史也是一部治国史。

治理黄河，重在保护，要在治理。要坚持山水林田湖草综合治理、系统治理、源头治理，统筹推进各项工作，加强协同配合，推动黄河流域高质量发展。要坚持绿水青山就是金山银山的理念，坚持生态优先、绿色发展。

黄河文化是中华文明的重要组成部分，是中华民族的根和魂。要推进黄河文化遗产的系统保护，守好老祖宗留给我们的宝贵遗产。要深入挖掘黄河文化蕴含的时代价值，讲好"黄河故事"，延续历史文脉，坚定文化自信，为实现中华民族伟大复兴的中国梦凝聚精神力量。

陶靴的故乡

◎ 辛店文化(距今约 3600—2800 年)
◎ 青铜时代

古代版的"UGG"是如何形成的,让我们了解一下它的前世今生。

河湟地区的青铜时代文化有齐家文化、辛店文化、卡约文化。

公元前两千年前后,随着齐家文化的解体被学术界称为"齐家多子"的格局在甘青地区形成。这里主要包括辛店文化、卡约文化、寺洼文化、四坝文化以及沙井文化。

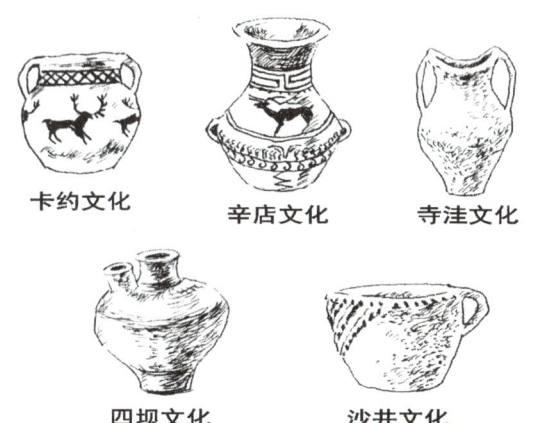

卡约文化　　辛店文化　　寺洼文化

四坝文化　　沙井文化

辛店文化是以甘肃省临洮县辛店遗址。而命名的考古学文化。1923—1924年，安特生在甘青进行调查发掘工作时将辛店遗址遗存称为"辛店期"。

似乎是一种新的文化陶器呵！

辛店文化从大约公元前15世纪中叶开始出现在甘青河湟谷地，以永靖莲花台和核桃庄小旱地为典型墓地，以姬家川和张家咀为典型遗址。

辛店文化在青海的分布范围不大，河湟地区辛店文化遗存共发现97处。其中民和县64处，乐都区28处，互助县和大通县有少量分布。

大通孙家寨出土辛店文化彩陶壶和双耳罐

柳湾墓地出土辛店文化彩陶靴
高11.6厘米，底长14.3厘米

靴筒为圆形，靴底前圆后方，靴帮与靴底连接处内凹，靴面绘对称双线回纹、带纹和三角纹，造型逼真，一眼望去就像现代的靴子。

民和县小旱地墓地出土单耳彩陶杯，泥质加砂陶。口沿一侧置单耳，黑红彩。口部红彩宽，带纹为底，上绘黑彩斜线纹，腹部绘连珠纹、竖线纹。

鹿是原始人类最早狩猎的动物之一，辛店文化陶器纹饰上出现了鹿、狗、羊、鸟等动物图案，充满浓厚的生活气息。

鹿纹彩陶瓮 乐都县双二东坪遗址出土夹砂陶，侈口，束颈，溜肩，凹圜底。这件陶瓮器形高大，胎壁厚重，有"黄河陶王"之称。陶器通体施白陶衣，口部为黑彩宽带纹和回纹，腹部为禾苗纹、折线纹、钩形纹和竖折线纹。主题纹饰则是颈肩部用黑彩描绘的两只站立的鹿，鹿头部略昂起，作嘶鸣状。鹿身比例准确，神态写实生动，画面简练流畅，笔触极具神韵。

核桃庄墓地群位于青海省民和县核桃庄村,包括单家沟、小旱地、东大坡、山家头四处墓地,小旱地墓地是其中一处典型的辛店文化遗存。

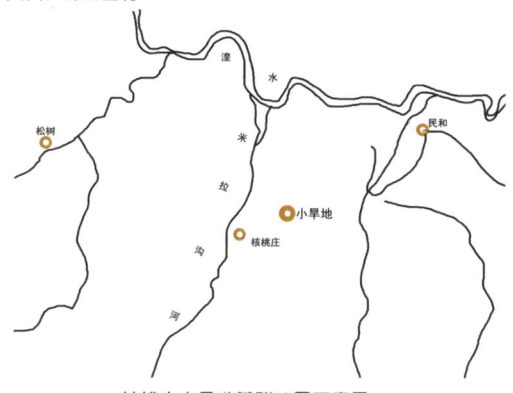

核桃庄小旱地墓群位置示意图

自1978年始,由青海省文物处考古队主持,历经三年对该墓地进行了全面发掘,共清理墓葬367座,出土陶器567件,铜、骨、石器2600余件。

小旱地墓地的辛店文化墓葬共 365 座墓，整个墓地占地约 9600 平方米，极少发现墓葬间有打破关系，可见埋葬应是有计划进行的。

小旱地墓地的葬俗可以概括为：圆角长方形和长方形坚穴土坑墓，部分有头龛墓向大致都是北和东北，约 1/3 以木棺单人葬为主，多数经过二次扰乱，从可辨姿势来看基本上都是仰身直肢葬。

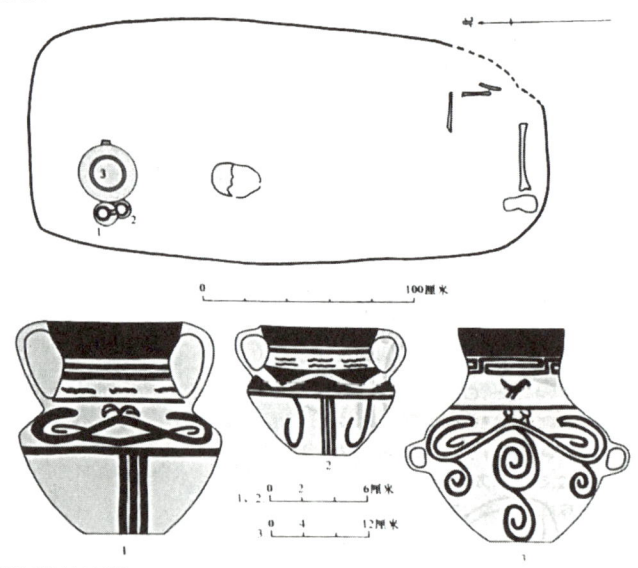

随葬陶器比较普遍
瓮、罐、盆三件为常见组合

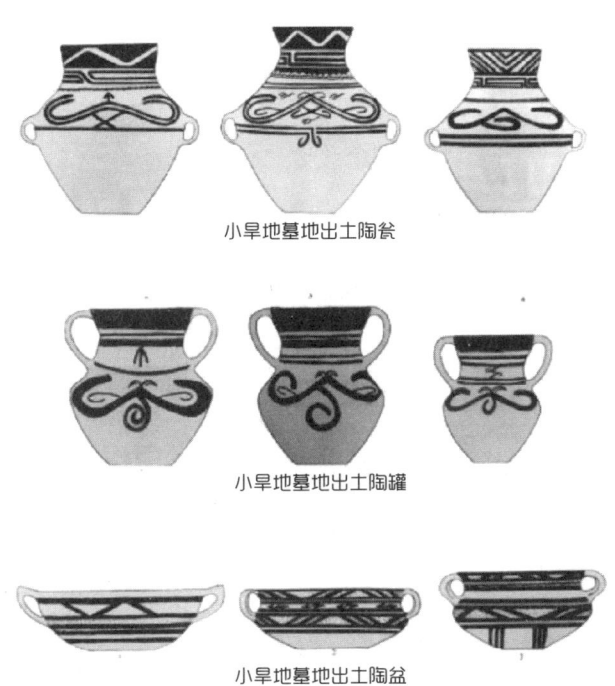

小旱地墓地出土陶瓮

小旱地墓地出土陶罐

小旱地墓地出土陶盆

按照一定的标准对文物进行聚类或归类,是研究文物的基本方法之一,考古专家对出土陶器进行了分型定式,根据墓葬结构以及尸骨的处理方式,结合陶器形态和组合的发展演变趋势,小旱地墓群总体上的布局是由时间延续决定的,墓葬空间分布体现了当时人群的阶段性和连续性。

墓群出土的陶器彩绘纹饰多以近似一对羊角的双勾纹为特色，可见羊对当时居民来说意义是非凡的。从目前发现的考古材料与民族学、文献学材料来看，小旱地文化居民应属于羌戎系统。

羌人是生活在我国西部地区的古代民族，分布在今甘肃、青海、四川一带，他们的活动范围非常广泛以游牧为生，羌人对羊怀有特殊感情，时至今日以羊祭山仍是羌族人的大典。

据对核桃庄墓地人类遗骨分析，居民龋齿、牙周炎和根尖脓肿的发病率较高，这可能与当时低劣的食物及落后的卫生条件有关。

有颅骨上存在锐器伤痕，表明当时可能存在部落间的武力冲突，同时颅骨上的钻孔可能说明存在某种与开颅取骨片有关的原始宗教或原始的外科手术。

通过测量计算，核桃庄居民的脑容量（男性）约为1421.81毫升，与现代人的平均脑容量接近。

其平均身高为 160.15 厘米左右，比现代人平均身高略低，在当时恶劣的自然环境及落后的生产力水平条件下，这个身高是可以理解的。

在可判断性别的 127 例标本中，男性有 61 例，女性是 66 例，男女两性比例基本持平。

在全部可鉴定具体年龄的 111 个个体中,平均死亡年龄只有 32.3 岁,男性死亡高峰期出现在壮年和中年阶段,女性死亡高峰期在壮年和青年阶段,这与史前时期缺乏有效的医疗卫生手段有关。

小旱地墓地是一处典型的辛店文化遗存,共发掘辛店文化墓葬 365 座,其内涵之丰富,超过了以前辛店文化调查发掘资料的总和。它是研究青海地区辛店文化一批不可多得的资料。这批资料对于研究辛店文化的渊源、当地考古学文化谱系及聚落形态有重要的参考价值。

山口前的平地

◎ 卡约文化（距今约3500—2600年）
◎ 青铜时代

> 卡约文化是青海地区延续时间最长、数量最多、分布最广的青铜文化，也是青海的本土文化。

依偎着蜿蜒的湟水，古羌人在河湟谷地稼穑种植，放牧牛羊 渔猎采集，创造了灿烂的卡约文化。

卡约文化是安特生在1923年首先发现于今西宁市湟中区卡约村而得名的,卡约文化是青海省古代各种文化遗址中数量最多、分布范围最广的一种本土文化。

卡约文化主要分布在黄河上游及其支流湟水河流域,在青海省境内共有1700余处遗址,东起甘青交界处的黄河、湟水河两岸,西至青海湖周围,北达祁连山麓,南至阿尼玛卿山以北的广大地区均有分布。

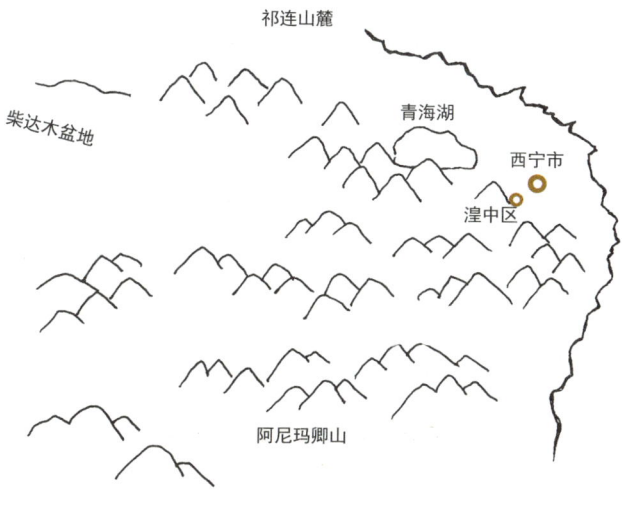

卡约遗址分布图

据碳 14 测定卡约文化距今约 3000 年左右，相当于我国中原的西周时期，当时的青海正是古羌人活跃的地区，著名考古学家俞伟超先生指出，卡约文化正是古羌人的遗存。

在我国古代文化的发展过程中，中原地区的文化曾经给周围地区以很大影响，周围地区的文化也给中原地区文化以重要影响。羌人多次参加过重要的政治、军事行动，在以后的历史时期里也发挥过重大影响。

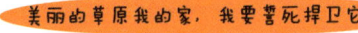

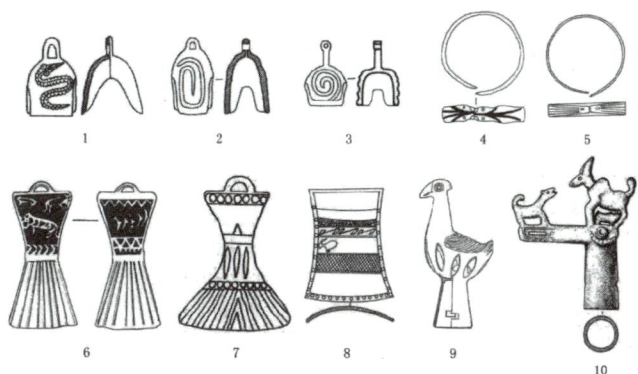

1—3. 铜铃（大通上孙家寨 M855:5、M448:3、M971:4)
4、5. 铜镯（大通上孙家寨 M971:15、M912:3)
6—8. 牌饰（大通上孙家寨 M66:12、M746:10、M723:9)
9、10. 权首（湟源巴燕峡征集、湟源大华中庄 M87:1)

卡约文化晚期青铜器

卡约文化大量青铜器出土，虽然他们仍旧广泛地使用石器，却已进入青铜时代。

卡约文化共发现墓葬 2000 余座，出土大量的陶、石、骨、铜器等文化遗物，大通上孙家寨、循化阿哈特拉、湟中潘家梁、湟源大华中庄，为其典型遗址。

卡约文化出土文物除各种生活用具陶器外，生产工具有大量石制的刀、斧、镞、臼、杵、锤，骨制的镞、铲、锥和铜制的刀、斧、镰、镞，还发现粮食（粟和麦类）和较多的牛、羊、马、狗等家畜骨骼。

卡约文化居民的经济生活不是单一的，河湟谷地中农业较发达，高寒山区、草原地带则牧业所占比重大，青海湖沿岸又以渔猎为主，狩猎和采集活动又都是生活来源的重要补充。

卡约文化制陶业与其他文化遗存相比不甚发达,据统计,陶器的出土量仅占出土物总数的 10% 左右,并且制造较粗率、器类也相对单调一些,这与冶铜业的兴盛有关。

陶器以夹砂粗红陶和灰陶为主,典型器物为双耳、双耳大罐、四耳罐和瓮等,花纹有三角纹、网格纹以及羊、鹿、狗等动物纹样。

回纹罐（大通上孙家寨出土）

鹿纹罐（循化出土）

折纹罐（西宁朱家寨出土）

鹿纹罐（循化出土）

卡约文化器物典型纹饰示意图

出土文物除各种生活用具陶器外，生产工具有大量石制的刀、斧、镞、臼、杵、锤，骨制的镞、铲、锥，已出现铜质的镰、刀、斧、锥和镞。

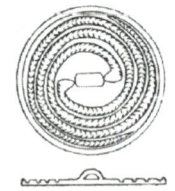

1.湟中前营村 2.大通下治泉 3.大通采集品

卡约文化的随葬品中刀、矛、镞、戈等武器比较多，尤其铜钺更为常见，有的墓中多达 20 余枚，可以想象当时部落间的战争比较频繁，这时期的社会正处在原始社会末期军事民主制阶段。

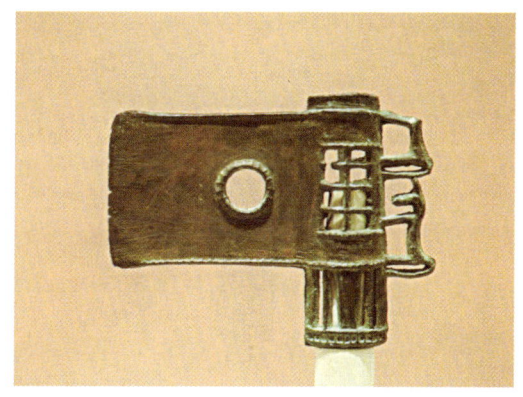

铜钺 青铜时代 卡约文化
斧：14.5 厘米，刃宽 6.7 厘米，刃长 8.9 厘米，重 0.25 千克
銎(qiong)呈椭圆形，銎背直立头朝同一方向的双马，其中一马头断残，中部及一端分别有相互对称的各十六个正方形和长方形孔。刃身有一直径为 2 厘米的圆孔，其孔边缘饰一周凸出的连珠纹。
湟中区共和镇前营村柳全录捐赠
湟中区博物馆藏

迄今在各遗址已发现各种铜制品共 1449 件，其中以铜鸠首犬吠牛杖首、鸟形铜铃、人头像铜饰以及狗、牛、马、羊等铜像饰为代表，造型奇特，构思奇妙，反映出卡约文化时期的冶铸技术已达到较高的水平。

铜鸠首犬吠牛杖首 青铜时代 卡约文化
高 11.3 厘米，宽 10 厘米，銎直径 2.5 厘米
鸠首犬吠牛杖首，銎为圆筒形，上为鸠首，圆眼，眼下有一周连珠饰；鸠首部饰一母牛，母牛腹下有一小牛做吃奶状；鸠喙端饰一犬，翘尾张口，面向母牛做犬叫状，母牛纵肩、拱腰、翘尾作与犬决斗状。
湟源县大华中庄墓地出土
湟源县博物馆藏

鸟形铜铃 青铜时代 卡约文化
高 11.3 厘米,宽 3.8 厘米,直径 2.8 厘米
青铜质,范铸合成,鸟体中空,内有圆形石丸 1 粒,应为铃舌。铜鸟呈立式,挺胸昂首,双眼圆睁,喙成钩状,头顶齿状立式冠,尾部展开。鸟身两侧镂空成三个弧形长条孔,双腿为一镂空的圆管。此鸟饰应是插在某一物件上的杖饰。
湟源县大华中庄墓地出土
青海省文物考古研究所藏

人头像铜饰 青铜时代 卡约文化
高 7 厘米,长 7.7 厘米
在一个筒形鋬上浮雕四个连续排列的人面像,其一似成人头像,高鼻梁,突颧骨,口部镂空,背负一小孩头像,四人像的表情形态耐人寻味。
湟源县大华中庄墓地出土
湟源县博物馆藏

卡约文化的葬式中引人注目的是，人殉、人祭牲殉、牲祭现象大量出现。循化阿哈特拉墓地殉人墓墓主多为男性，且都有大量随葬品附葬，在棺板上和二层台上放置大量羊角作为财富的象征。

殉人现象在湟中区潘家梁墓地更为突出，人殉的墓葬占发掘墓葬总数的 10% 之多。一墓中人殉一般一至三人，被杀殉的人的地位很低，可以看作是最早的家内奴隶。

发掘的 240 余座墓葬全部朝向同一个方向。卡约文化流行的葬俗是二次扰乱葬，约占总数的 70%，这种葬俗与当时人们的宗教信仰有关，可能含有让灵魂升天或得到某种解脱的意味。

用牛、羊殉葬和祭祀的现象也较普遍,墓中多次发现在四个牛蹄骨和一条尾骨周围放上四个狗爪子或一个狗头,是否意味着狗在忠实地守卫着畜群这样一种情景呢。

从墓葬的随葬器物和人殉的情况分析来看,当时氏族社会已出现私有制和贫富分化现象,男性在社会上已取得主导地位,社会逐渐解体取而代之的是父权制社会,男性成为氏族的管理者或首领。

在男性墓葬中通常随葬铜刀、斧、戈、矛等物,而女性墓葬中则常见骨针、骨管及骨、石纺轮等物。在随葬动物方面也存在差别,男性墓随葬马、羊,女性墓随葬牛,这很明显反映了男子是在外进行农牧或狩猎等活动,女子主要在内进行采集和纺织业等劳动。

卡约文化的发现,将河湟地区纳入了中国古代文明史的大视野,为研究中国古代文化和青海地方史,提供了宝贵的史料,也为探索中华文明的起源提供了新的维度。

毛布技艺

◎诺木洪文化（距今约3300—2800年）
◉青铜时代

> 塔里他里哈遗址里海西诺木洪地区形成的羌人遗存。陶牦牛、毛织物、骨耜、车毂的出土和大量牛、羊动物骨骼的出土，说明畜牧业、原始农业已经成为诺木洪人的重要生产活动。

诺木洪文化位于青海省柴达木盆地南部的诺木洪乡，因最初发现于柴达木盆地都兰县诺木洪，故考古学上称之为"诺木洪文化"。

诺木洪文化遗址东靠海西哇河、西临塔里他里哈村，面积约5万多平方米。诺木洪文化地域性很强，分布范围仅限于青海柴达木盆地及其周边地区。

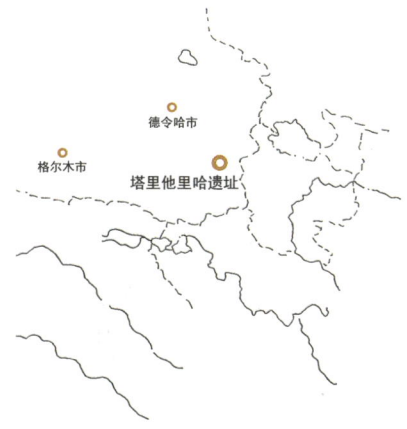

诺木洪文化距今约3300—2800年,相当于中原地区青铜器时代晚期,而其下限至少应延伸到汉代以后。

诺木洪文化遗址有 40 处，经发掘的只有塔里他里哈（1959 年）。

塔里他里哈为国家级重点文物保护单位，发掘有房屋基址 11 座，土坯坑 9 个，围栏一座，瓮棺葬墓 3 座，出土器物有陶、石、骨、铜器和毛织品。

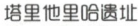
塔里他里哈遗址

遗址陶器以夹砂陶为主，器类有双耳罐、单耳罐、小口瓮、碗、杯等，多为素面，纹饰以压印纹、篮纹为主。

夹砂褐陶罐

单耳陶罐

青海古代的传统运输动力以畜力为主，新石器时期农耕区即有了家畜饲养业，秦汉时期，草肥水美使畜牧业有了更大发展，有"雪域之舟"的牦牛在高寒地区使用最为普遍。

诺木洪文化遗址出土的陶牦牛

牦牛的两角和尾部稍残,背部呈波浪形,腹部的长毛及地,长头,双眼,长鼻,弓身垂腹,站立状,短尾,憨态可掬,惟妙惟肖地表现了牦牛的形象,是不可多得的古代陶塑艺术珍品。

塔里他里哈出土铜器有斧、鍪、刀、钺等，并采集到铜渣、炼铜用具残片等，铜器制作较为精致，表明该遗址的冶铜技术较卡约文化有很大发展。

诺木洪文化遗址出土五孔铜钺[yuè]
铜铸，椭圆鍪，蚀残较重，有五条横方格纹装饰带，下端有一个乳钉式内。体扁平，弧刃，近鍪处纵向排列五孔，孔缘凸起，并向刃部形成一条纵向脊，两面相同。是柴达木盆地诺木洪文化的珍贵铜器。

钺[yuè]，青铜或铁制成，形状像板斧而较大，钺作礼器也作兵器，作为兵器经过不断的改进，在唐宋时期仍是一种主要的步兵武器。

在距今3000年前,青藏高原的羌人已经掌握了毛纺织和染色技术,可以织出几何图案的彩色毛席,即编织地毯。

诺木洪遗址出土的石器和骨器多为农业生产工具,器型有刀、铲、镞、凿、锥等,遗址中还发现大量牛、羊等动物骨骼。

诺木洪文化遗址出土石斧
石质,灰色,长方形。长23.5厘米,宽12.5厘米。两侧边有对称的凹口三对,保留打击痕迹,磨制,斜刃,属青铜时代诺木洪文化。

遗址还出土了骨哨和骨笛各一件。骨哨和骨笛作为最原始的吹奏乐器，反映了乐器由不定型到定型、不定音到定音、个别的单音到全音的发展过程。

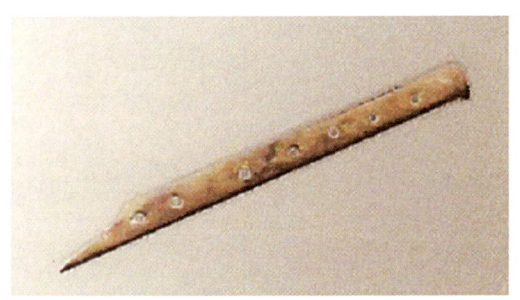

从打击乐的石磬到吹奏乐的陶埙，再从吹奏乐的陶埙到管乐的骨笛，中国的原始舞乐活动就伴随着中华民族的祖先在祖国大地上走过了筚路蓝缕的艰苦历程，记录下了原始先民们的每一步前进的脚印。